社会发展与社会治理发展研究

黄 健 著

群言出版社
QUNYAN PRESS
·北 京·

图书在版编目（CIP）数据

社会发展与社会治理发展研究 / 黄健著. -- 北京 :
群言出版社, 2023.12
ISBN 978-7-5193-0904-6

Ⅰ. ①社… Ⅱ. ①黄… Ⅲ. ①社会发展—研究—中国
②社会管理—研究—中国 Ⅳ. ①D668 ②D63

中国国家版本馆CIP数据核字（2023）第254116号

责任编辑： 孙平平
封面设计： 知更壹点

出版发行： 群言出版社
地　　址： 北京市东城区东厂胡同北巷1号（100006）
网　　址： www.qypublish.com（官网书城）
电子信箱： qunyancbs@126.com
联系电话： 010-65267783　65263836
法律顾问： 北京法政安邦律师事务所
经　　销： 全国新华书店

印　　刷： 三河市腾飞印务有限公司
版　　次： 2023年12月第1版
印　　次： 2023年12月第1次印刷
开　　本： 710mm×1000mm　1/16
印　　张： 12
字　　数： 240千字
书　　号： ISBN 978-7-5193-0904-6
定　　价： 60.00元

作者简介

黄健，男，副教授，双硕士学位，现为中共葫芦岛市委党校教师、研究生工作办公室负责人。主要研究方向为社会治理、生态文明、社会保障、民生建设等。参与省、市级课题数项，发表论文数篇。撰写的论文连续多年在省委党校经济学年会中获奖。2017 年出版个人专著《区域经济发展研究》；2021 年撰写的《新时期我国区域经济发展的新形式》一文在全省党校系统第十三届优秀科研成果评选中获优秀论文三等奖，同年获辽宁省事业单位工作人员记功奖励。在学员管理与服务工作中表现优秀，多次被省委党校评为在职研究生工作先进个人，带领科室人员出色完成研究生管理和教学工作。作者所在单位研究生工作获得省委党校认可，多次被评为先进单位。

前 言

新时代，我国社会主要矛盾发生变化，社会冲突的强度有所降低，但是随着经济发展、社会进步和全面深化改革的不断推进，社会冲突的复杂性和不确定性大大加强，社会治理化解社会冲突的难度也随之加强，其原有制度逻辑、结构体制、行动路径面临巨大挑战，迫切需要加强社会治理创新能力。

为了实现社会治理创新，必须着眼于维护最广大人民群众的根本利益，最大限度地增加和谐因素，增强社会发展的活力，提高社会治理水平，维护国家安全，确保人民群众安居乐业，社会安定有序。与此同时，还要改进社会治理方式，激发社会组织活力，创新有效预防和化解社会矛盾体制，健全公共安全体系，从而有效促进社会发展。

全书共六章。第一章为绪论，主要包括社会治理概述、社会治理的特征、社会治理的目标、社会发展与社会治理发展的动力机制等内容；第二章为社会发展与社会治理的基本历程，主要阐述了社会发展的基本历程和社会治理的基本历程等内容；第三章为社会发展与社会治理的理论基础，主要阐述了社会发展的理论基础和社会治理的理论基础等内容；第四章为中国社会发展的内在逻辑探讨，主要阐述了中国社会发展面临的挑战和中国社会发展的内在逻辑等内容；第五章为社会治理建设进展及其存在的问题，主要阐述了社会治理建设的主要进展和社会治理存在的问题等内容；第六章为新时代中国社会治理的新方略，主要阐述了新时代中国社会治理创新的原则、新时代中国社会治理创新的要求、新时代中国社会治理创新的策略等内容。

在撰写本书的过程中，笔者借鉴了国内外很多相关的研究成果，在此对相关学者、专家表示诚挚的感谢。

由于笔者水平有限，书中有一些内容还有待进一步深入研究和论证，在此恳切地希望各位同行专家和读者朋友予以斧正。

目　录

第一章　绪论

社会治理是国家治理的重要方面，是社会主义现代化建设的重要内容。新中国成立以来，中国共产党带领人民在社会建设中不断进行理论创新和实践探索，经历了社会管控、社会管理、社会治理的发展阶段。中国特色社会主义进入新时代，根据社会主要矛盾的转化以及经济社会发展的新特点和新要求，中国逐步探索出了以人民为中心、以建设社会治理共同体为目标、以共建共治共享为制度架构、以一体多元为治理结构的中国特色社会治理新形态。本章分为社会治理概述、社会治理的特征、社会治理的目标以及社会发展与社会治理发展的动力机制四个部分。

第一节　社会治理概述

一、社会治理的定义

社会治理主要是指在执政党领导下，由政府组织主导，吸纳社会组织等多方面治理主体参与，对社会公共事务进行的治理活动，是“以实现和维护群众权利为核心，发挥多元治理主体的作用，针对国家治理中的社会问题，完善社会福利、保障改善民生，化解社会矛盾，促进社会公平，推动社会有序和谐发展的过程”。社会治理也可以理解为在特定的社会基础之上，由自上而下的社会管理以及自下而上的社会自治共同构成，它是政府、社会组织以及公民个人多方对公共事务和公共生活的合作管理。

党的十八届三中全会首次提出了“社会治理”的概念。在马克思和恩格斯看来，公共事务是全体社会成员的事情，是由全体社会成员共同参与、共同治理的。其主体思想是以国家、市民社会和人民为治理主体，以唯物史观为建构的哲学基础，代表广大人民的根本利益，论述了未来的理想社会特征是每个人自由而全面地发展。从理论维度上来看，马克思和恩格斯关于社会治理的思想集中在社会治理主体的广泛性、内容的多样性、目标的多重性三个维度；同时阐述了社会主义国家进行社会治理是国家统治的必要基础，也是一个动态发展的过程，其根本任务是对社会目标的复归。继马克思和恩格斯之后，列宁对马克思主义社会治理思想进行了进一步的阐释，形成了关于社会治理思想的理论体系。

二、社会治理的内涵

要想正确认识社会治理的基本内涵，则需要明确区分社会和国家、治理和社会治理这些相关概念。

第一，关于社会与国家的概念界定。社会这个概念在日常的生活中被广泛使用，学术界关于社会的含义尚没有统一的界定。可以说，马克思主义理论强调采用“生产关系—整体”的方法论来研究“社会”。从狭义上看，社会作为生产关系的总和，处于固定的历史阶段并有自身特征。据此可知，社会可以被看作生产实践活动中形成的生产关系总和。同时，马克思主义理论还注重生产关系在现实过程中会受到经济、政治、文化等多种因素的影响。为此，需要采用一种联系发展的观点来把握社会的内涵。进一步来说，从生产关系所组成的整体出发，社会本质上可以被理解为经济基础及建立于其上的上层建筑所实现的统一整体。事实上，这是从宏观层面把握社会的内涵，把社会理解为高于经济、政治和文化等不同领域的总体性结构。

对于国家的理解，目前学界的讨论主要集中于现代国家理论及马克思主义国家理论。一方面，现代意义上的国家即从国际法的层面出发，国家包括领土、居民、政府和主权等要素；另一方面，马克思主义理论的国家是一个历史范畴，呈现出多种关于国家的观点，即国家不但是阶级社会的统治工具，而且是制度集合体。由此可知，实质上作为阶级统治工具的国家，是一种具有特定秩序和制度的组织。其中，主权、居民和领土等都是构成国家的重要因素，并体现了国家的自然属性。

第二，关于治理和社会治理的概念界定。中文意义上的“治理”可以理解为治国理政。其中“治”通常表达控制和统治的意思；“理”则具有办理和管理的内涵。可以看出“治理”因此隐含着统治和管理的元素。英文中的治理（governance）是指引导、操控和控制，很长一段时间内，“治理”与“统治”被混为一用，强调参与政治活动和公共事务的管理。随着公共权力下放，治理被赋予了多元主体、协商民主和公正透明等具体内涵。20世纪90年代之后，西方学者从不同角度探究治理的内涵。而联合国全球治理委员会指出，治理作为管理公共事务的一种方式，包括合作治理的方式，还包括采用权力获得人们同意的正式机制和可以实现个体利益的非正式机制等。西方治理理论是建立在资本主义国家自身发展的基础上的，而中国在不断发展的过程中，也逐步形成了自身的治理理论。与西方治理理论相比，中国的治理理论更加突出治国安邦的历史传统。社会治理强调要坚持由中国共产党领导，允许政府、市场、社会组织和公民等不同主体参与治理实践，采用合理的方式化解社会矛盾和协调各方利益关系，目的在于维持稳定秩序、保证公平正义和维护个体合法权益。本质上，中国的社会治理是中国社会领域中的一种改变，是在中国共产党的领导下，统筹多元主体协同参与治理实践，并实现有效治理的过程。

第三，关于社会治理主体、社会治理机制及社会治理绩效的概念。中国社会正经历着新的变化，以往社会发展的力量相对不足。如今国家在一定程度上赋予了社会更大的发展空间。当社会力量逐步发展之后，便开始积极主动参与公共事务治理，并成为重要的治理主体。这意味着各治理主体参与治理活动是社会发展进步的必然要求。在整个社会治理结构中，需要分析治理的主体、机制和绩效等不同要素。只有深入把握各治理要素的内涵，才能更好地把握社会治理的概念与实践。治理主体是那些具有自主决策能力和行动能力的组织、机构和个人。执政党、政府、社会组织和公民等都是我国重要的社会治理主体。尽管各治理主体可以平等参与治理活动，但由于不同治理主体所拥有的权力、资本和技术并不相同，在治理活动中也可能会显示出非对称性的特征。具体来说，对于不同治理主体的功能定位，在《中共中央关于全面深化改革若干重大问题的决定》中明确提到“加强党委领导，发挥政府主导作用，鼓励和支持各方面参与”，从而实现有效治理，由此可知，我国各社会治理主体在治理活动中所处的地位不一样，治理主体的关系是一种双向互动的线性功能关系。多元治理主体参与治理活动突破了传统治理活动中单向性和封闭性的局限。多元主体协同治理意味着在党的领导下，政府、市场、社会组织和居民参与治理活动具有合法性，他们可以通过采取德治、法治和自治等方式推动治理实践发展。这既适合中国社会发展的需要，又能促进不同主体之间相互合作，从而推动治理实践深入发展。

治理机制具有自身特定的意义。要想全面深入把握治理机制的含义，首先要分析机制的内涵。机制不但是体现治理能力的重要变量，更是提高社会治理水平，维护社会稳定发展的重要保障。通常而言，政治发展的稳定程度和政治制度化有着密切的关系。治理机制对于维护社会安全、维护社会秩序和实现有效治理具有重要的价值。何谓机制？机制的英文为“institution”，有制度、体制、风俗、习惯和指示等意思。机制有两种解释：第一种，对于机制的抽象性规定，即固化的人类互动方式可以看作机制；第二种，对于机制的具体性规定。事实上，机制包括制度、体制、规则和安排等。

学者对绩效的概念形成了不同的观点，主要包括两个方面：一方面，主要把治理绩效看作一种能力；另一方面，把治理绩效看作一种行动的综合结果。事实上，“绩效”一词属于舶来品，20 世纪 90 年代以后，随着管理学研究的兴起，“绩效”一词才流行起来，包含了表现和成绩的意思。综上所述，绩效是指行动者基于特定目标和多种因素相互作用下所取得的结果和效益。这一解释突出了绩效具有两重含义：一是绩效主体具有主观能动性；二是绩效结果与主体行为密切相关。在深入分析绩效的内涵之后，能够更清楚地把握社会治理绩效的概念。通常来说，社会治理绩效是指治理主体进行治理活动后所取得的治理结果、效益、效率和效能，体现了治理主体在治理活动中的治理能力。简单来说，社会治理绩效包括治理效率和治理结果，当这种治理结果符合人们有关公平正义和可持续发展的期待后，便越来越接近善治的状态。由此可以概括出一个基于“绩效目标—绩效行为—绩效结果”的分析框架，这是理解社会治理绩效本质的关键。各治理主体在经济、政治、文化和社会等不同领域中的管理行为和结果都可以看作社会治理绩效。因此，社会治理绩效主要包括经济绩效、政治绩效、文化绩效和社会绩效四大类。其中，经济绩效包括国民收入、经济增长和失业率等；政治绩效包括行政效率、政治稳定和政治发展等；文化绩效则包括文化教育、文化产业和文化事业等；而社会绩效主要包括社会公平正义、社会秩序和社会活力等。

基于社会治理相关概念的分析，可以把社会治理内涵归纳为以下五个方面。

第一，主体上实行多元共治。社会治理打破政府作为一元化治理主体的局面，在治理的过程中，市场、社会组织也积极参与并扮演着治理主体的角色。同时，也不能忽视公民主体的参与意愿。第二，过程上进行民主协商。治理在一定程度上是一个多方主体互动的过程，如果没有互动的伙伴关系，也就难以进行治理。互动各方的伙伴关系必须是平等的对话关系。第三，目标上建设权利型社会。权利型社会应该是指政府的职责是确保公民享有各项政治、经济、社会和文化权利，达到社会互助和社群合作的政治状态。首先，坚持社会公平正义，维护公民享有的各项基本权利，保障社会弱势群体利益，促进基本公共服务均等化。其次，培养“积极的公民”，树立公民的权利意识、法治意识和参与意识，提高公民的参与能力，保障公民参与国家各项管理的基本权利。第四，方向上实行纵横统一。社会治理方向包含纵向和横向两个方向。纵向是指自上而下的社会管理和自下而上的社会自治双向权衡，而横向则是指由外而内的法治和由内而外的德治相互促进。法治和德治的共同目的均是维护社会的良好秩序。法律是道德传播的有效武器，而道德则是评价法律的标准，并且是推动其法律实施的有效力量。道德和法律二者相辅相成、相得益彰，共同构成社会治理的基础。第五，结果上实施权责一致。参与社会治理的各方主体在享受一定社会权力和权利的同时，还应承担相应的义务和责任，主张和践行权责对等。

三、社会治理的模式

当前，社会发展速度快于以往任何时期，科技进步带来的信息爆炸塑成了一个“新技术社会”时代，社会公共问题频繁涌现，比之从前表现出更高的复杂性和不确定性。我国的社会治理模式正面临着新的挑战，社会管理的改革和创新已迫在眉睫，是应对社会发展规律的必要措施，也是紧迫的时代主题。在经历了政府调控维稳的社会控制到社会治理的过程中，治理模式已经到了亟待改革和创新的关头。传统政府管理模式确实在降低社会风险、维持社会秩序、保障公民安全等方面起到了积极作用，但随着社会的发展和进步，其越来越无法满足公众的需求。传统政府管理模式表现出的不足主要体现在以下两个方面：一方面，公民的民主意识日益增强，社会是在不断向前向上进步的。随着经济飞速增长，居民的生活质量水平不断提高；随着精神文明建设的持续发展，人们的文化水平也在不断提高。公民的民主意识越来越强，不再满足于被动地接受社会治理成果，而是主动要求参与到社会事务的管理之中，并表现出愈来愈强烈的对社会治理效果进行反馈的欲望。但是传统的社会治理模式忽略了与公众进行互动的重要性，导致了只注重出口而不注重反馈口的单行道管理模式。如果继续以这种模式进行社会治理，那么公众需求的缺口将长期无法得到满足。另一方面，公民对公共服务的种类和质量需求与供给之间的不平衡越来越明显。社会进步的一大标志就是人们的生活水平日趋提高，随之而来的是城乡之间人员的流动越来越频繁。城市涌现大量新的社区，居民对公共服务的需求只增不减，对社会治理水平的要求也只会越来越高。并且这些需求不只是对量的需求，只有优质的服务与有效的治理才能让公民得到满足。就实际而言，公共部门只依靠自己的力量无法应对公众越来越高的要求，从而导致公众对于政府机构的不信任，这不仅有损政府形象，而且会成为影响公共部门开展工作的一大阻力。

目前学者讨论最多的社会治理模式有三种：一是以政府为主、社会为辅，这是在我国提倡的新的社会治理模式；二是国家与社区、政府部门与公众机构对社区的联合管理，社会的三大部门逐渐形成了三足鼎立格局，这也正是社会治理和善治理论中所提出的社会管理模式；三是以社区为主、与政府部门密切配合的管理模式，提倡社区自治优于政府部门管理，自发有序优于强制秩序，这是欧美国家社会管理目前运用的模式。政府之所以积极助力由社会管控向社会治理转变，是因为新的社会治理模式突破了社会管控的传统范畴，在一些方面展现出远优于社会管理模式的趋势。

第一，新的社会治理模式改变了权力运作模式，将公民放到了突出地位。在传统的政府管理模式下，对于公共事务的决策、制定的相关政策、采取的措施、下达的命令都是地方有关部门制定的具有强制性的法规。政府行政权力的制度性源自严格按照由上向下的等级传递的体制，但权威的合法性来自公民。而社会治理是强调政府、社会组织及公民都参与其中的具有互动性的过程。它重视的不是机械地服从命令，而是协同，通过对社会公共事务的有效干预，以达到实现最大公共利益的目标。由此可以看出，这种协同治理将除政府以外的公民及社会组织放到了很重要的位置上。

第二，满足了社会公众参与到社会治理过程中的愿望。公众的民主权利意识的增强已经成为不争的事实，这是现在公众对社会热点问题的讨论越来越激烈的原因所在。人们不再愿意被隔离在社会事务管理之外，机械地服从指令安排，对政策的制定一无所知，而是希望在问题分析和做决策中发声。在这种现实背景下，公共部门应该适时做出调整，赋予公民与其义务相匹配的公民权利并扩展更多采纳公民意见的渠道，让公众有更多机会以不同的方式参与到社会事务中。而在推行社会治理的过程中，通过倡导民众参与治理决策、颁布公众满意度评价体系等措施能够使公民的权利意识、民主意识得到实现和满足。党的十八大后，政府领导高层提出了新的一系列重要改革措施，中国特色治理模式得到了进一步的提升强化，党的治理和社会治理进入了“新常态”和“新时代”。中国特色社会主义社会治理体系既不是对西方模式的照搬照抄，也不是换汤不换药地延续传统模式。在建立社会治理体系这一庞大繁杂工程的过程中，科学的评价体系往往是被忽略的一部分。因此要充分了解公众需要什么，哪些方面需要补足。

目前，在社会治理实践中有两处缺口的填补十分紧迫关键，分别是确立社会治理质量效果的评价标准以及建构全面具体的社会治理评价指标体系。如何提升完善社会治理评价指标体系？我们要从社会治理的具体过程中寻求答案。社会治理过程涉及方方面面，其中的关键在于明确社会治理主体、社会治理覆盖范围、社会治理工具。为达到评价指标体系的评价标准科学合理、指标涵盖范围全面、指向精准对标需求、富有效率的目标，在构建评价指标体系时就要从以上几个方面着手，真正做到社会治理评价指标体系构建“纵到底、横到边、全覆盖、无盲点”。社会治理评价指标体系构建的直接目的是考察社会治理效果，而评价结果带有导向、规范和推动作用，通过评价结果所反馈出的民意，不断改进优化社会治理过程，从而提高居民的社会治理满意度。

四、社会治理的实施内容

（一）依法治理

《中华人民共和国宪法》（以下简称《宪法》）作为我国根本大法，是中国及全体中国人民所有行动的最终依据和指南。因此，中国的社会治理过程必须公开透明，从决策开始到制定政策以及后续采取的措施、提供的公共服务及产品都必须有明确规范的法律条令。同时，始终坚持党的领导，确保党的领导的核心地位。建设社会主义法治国家已成为中国政治发展的重要目标，政府部门应依法实行社区管理工作，社会公民还应当依法行使社区自治权。相对而言，在政治制度、经济制度和社会制度中，社会制度的法治建设有待完备。因此，随着社会治理的逐步深入，我们应该及时出台相关的国家法规，以建设并健全相应的社会治理机制。虽然古往今来，我国一直推崇德治，但是在社会治理领域，没有明文法规，德治就会失去其本身意义而彻底沦为人治。因此在社会治理领域，必须将德治和法治结合到一起。

（二）源头治理

在面对目前频发的社会热点问题和难以调和的社会矛盾时，我们都会产生一个共同的疑问：这些问题和矛盾为什么会发生？这要求公共部门追溯其源头，找到根本的原因，才能对症下药。经过多年实践，我国社会治理水平不断提高，社会治理成果日趋丰富，积累了非常多的经验。党的十八届四中全会首次提出源头治理，指出源头治理是将萌芽阶段的不稳定因素扼杀在摇篮中以达到预防解决社会矛盾问题的各种行动举措，如社会治安源头治理、环境保护源头治理等。从其含义中不难发现，源头治理是提高社区治理质量和效果的有效手段，具有缓和社区内部压力、增加社区内部认同性、重构社区内部信心的作用。社会治理就是采取措施解决社会问题、调节社会矛盾，最精准有效的方法就是预防，在问题矛盾出现之前就将其遏制住。这就要求我们不断深入挖掘这些问题矛盾发生的背后缘由。但不可避免的是，越潜入深层，牵涉到的利益方就越多，面对的利益问题就越庞杂。这不再是某一个单一社会治理主体能够有效应对的，需要联合公共组织、社会组织、居民共同参与，寻求能够有效解决问题的方针对策、采取更优质精细的举措，形成共建共治共享的良好社会治理格局。

（三）系统治理

对社会公共事务的管理本身就是一个系统的过程，只有构建系统性的体制，完善系统性的制度，采取系统性的措施才能更好地解决社会问题，让治理过程变得更具科学性。改革开放以来，随着社会主义市场经济体制的建立和经济的快速发展，中国一跃成为世界第二大经济体，社会主要矛盾已发生变化。目前中国处在转型的十字路口，需要采取措施积极应对日新月异、不断变化发展的社会。创新社会治理、改进社会治理方式是全面深化改革的重要内容，要不间断地探索，努力达到新形势下公众提出的更高要求。

从管控到治理，这不仅意味着党的执政理念发生了变化，也意味着在社会治理过程中平衡政府与社会的关系上发生了变化，从公共组织主导的社会管控向多个社会治理主体协同治理的体制转变。系统治理是党和政府领导下多主体合作、共同治理的社会治理模式。多主体合作建设是推进制度治理的现实基础，关键是解决多主体合作的制度建设问题。从创新管理到创新治理，表明了中国共产党的新执政战略在解决国家发展和经济社会的关系上出现了重要转变，即从由政府为主的自上而下的社会管理向政府为主的多主体协同管理机制过渡。社会主体已经发生改变，公众越来越关注民生问题。要想在新形势下建立多方参与协同治理的新格局，唯有通过共建共享，以实现社会治理提升公众生活水平、改善生活质量的目标。

（四）综合治理

我国目前存在的各种社会问题及社会矛盾并不是集中在某一领域的，而是涉及方方面面。问题的产生、表现出的形式状态、涉及的对象都是复杂多变的。因此，只依靠一方或某一方的力量，是无法得到妥善解决的。需要在公共部门的引导下，各社会组织与公众发挥各自的优势，综合运用各自的方式来完善社会治理体系，推进社会治理水平的提高。在传统的社会管控制度中，政府起主导作用，进行决策，再由各级部门执行以调节各种社会矛盾。在从前的社会治理过程中，没有有效运用社会组织、公民所包含的人力、物力资源。基于我国现阶段基本国情，政府独自承担所有职能十分困难。因此面对艰巨的治理任务，政府作为我国社会治理主体，必须发挥自身的号召力和凝聚力，将各类社会组织和公众纳入社会治理过程，鼓励他们积极参与，发挥各自专长，共同构建完善的社会治理体系。创新的社会综合治理技术不但可以有效克服传统社区综合治理的技术缺陷，还能够大大提高综合治理的效益与质量。传统的社会治理模式是政府占主导地位，提供公共服务及产品的职责几乎完全由公共部门承担，这种负担随着公众需求的增长不断加重，并导致效率降低。通过社会综合治理措施将社会组织纳入社会治理主体，不但可以减轻政府的负担，还能有效提高资源的配置率。

所以，不管是对我国经济现代化发展的现实要求而言，还是对目前的科学技术手段而言，创新社会综合治理都是相当重要的。而我们应该做的正是紧紧抓住新时代带给我们的机遇，在认识传统社会综合治理的不足之处的同时，面对涉及方方面面的社会事务管理，应该团结社会全体的力量，运用综合治理手段来提高社会治理的有效性，从而保障社会环境和谐稳定，构建良好的社会秩序，让公众在社会生活中感受到幸福和快乐。

五、社会治理含义的外延

根据人类社会发展的特点，社会的发展不是某个特定方面的发展问题，而是整体性、全局性的发展，这也给社会发展过程带来了许多不可控的因素，使社会发展中存在更复杂的情况，所涵盖的领域非常广泛，所以这也给社会发展带来很多需要及时处理和化解的问题和矛盾。就目前我国社会发展的情况来看，主要包括如何处理社会各种关系之间的问题、怎样对社会行为进行合理的规范和引导以及对各种社会问题的处理、对社会风险的防范。事物发展之间是相互联系的，因此，社会问题的发生，通常不是单个方面的问题的发生，它们可能是以连锁反应的方式相继发生的。人们在日常生活工作中形成一定的社会关系，社会关系如果失去平衡，社会问题就会出现，不及时处理和解决社会问题，将对整个社会带来极大的风险，风险的发生可能会加快社会整体稳定性的瓦解，如资产阶级和无产阶级的矛盾，产生了阶级之间的对立和抗争，引发了社会的动乱和战争，最终导致社会的动荡不安。在应对这些社会发展突出问题时，政府需要有正确的理论指导，社会问题就应该交由社会解决，所以社会治理成了我国解决社会现实问题的有效良方，加强社会治理是解决好一系列社会问题的根本方式。

首先，对社会行为的治理，即基于人们在日常生活交往中的行为，对其行为实现规范化管理的治理活动。人们在社会生活中，由于特定的交往方式或者劳动实践活动会以一种社会预期行为的规范模式进行交往和互动，这种预期的行为是满足社会发展和促进社会和谐的前提条件，社会行为的治理就是要通过这种预期的规范对人们的行为进行规定，从而达到人们自愿接受和承认这种预期的行为准则，从而避免破坏社会规范而造成的违反社会良好秩序的行为发生。

其次，对社会关系的治理，即注重对社会中存在的不平等关系的解决。社会关系的稳定是社会整体稳定的基础，如果社会中出现社会关系的不平等现象，极有可能因为关系矛盾造成对立关系之间的冲突和反抗，最终导致社会稳定的瓦解，给社会带来毁灭性的灾难。马克思指出，人的本质是一切社会关系的总和。所以，人不是作为单个客体存在，而是具有社会属性的存在物，其蕴含多种社会的复杂关系。社会关系不仅包括财产关系，还包括由于生产所产生的劳动产品在分配上的分配关系。

再次，对社会问题的处理，主要是对日常社会生活所面临或可预见将要发生的问题的处理和防范。社会问题的范围比较大，它的发生会影响到大部分社会成员的生活，对社会的正常协调发展形成阻碍。及时处理各种社会问题，能够更好地化解公众对政府的质疑，也可以提高社会的凝聚力和向心力。

最后，对社会风险的防范。这是指对突发公共事件的处理。社会突发公共事件的发生不仅危害人民的生命健康和财产安全，也对国家的政治安定提出挑战。无论是怎样的发展，发展当中都会有不可知的风险存在，这是社会发展不可避免的问题。更有效的对社会风险的防范是提高国家整体安全水平。

六、社会治理与社会管理

社会治理与社会管理是相互关联的两个概念。社会管理主要是政府和社会组织为促进社会系统协调运转，对社会系统的组成部分、社会生活的不同领域以及社会发展的各个环节进行组织、协调、指导、规范、监督和纠正社会失灵的过程。在我国，从主体上看，社会管理的主体主要是指各级党委和政府，相对单一；而社会治理的主体是指各级党委和政府、各类社会组织、全体公民，主体多元。从目的上看，社会管理强调实现既定的甚至是法定的管理目标，社会治理则强调多元主体的利益平衡，共同实现多元主体通过协商确定的治理目标。从运作模式上看，社会管理主要是政府管控社会，无所不能，横向到边，纵向到底，依靠内部严密的管理层级加以实现；而社会治理强调的是一个过程，一个各个主体之间充分协商协调的可持续活动的过程，在这个过程中，多元主体协同作用、共建共治，解决国家治理中出现的一系列社会问题，共享治理成果。从渠道上看，社会管理渠道单一，一般为从上到下；而社会治理的渠道则广泛而多种，既可以从上到下，也可以从下到上，还可以从中间向上、向下延伸等。

第二节　社会治理的特征

一、社会治理的基本特征

（一）多主体共建共治共享

治理是各种公共的或私人的个人和机构管理其共同事务的诸多方式的总和，既涉及公共部门，也涉及私人部门。这表明，从主体结构来看，政府并不是社会治理的唯一主体，企业、社会组织、民众、媒体等都会成为重要的主体成员，在不同领域和不同范围内，以不同的方式协同参与，共同解决公共事务和社会问题。这也预示着在未来中国公共服务供给和公共事务管理中，政府并不会大包大揽，而是积极引导和发挥市场、社会等多元力量，通过共建、共治、共享的方式，协同推动社会发展与进步。但需要指出的是，在中国体制和文化语境下，各级党组织始终是社会治理中的十分重要的主体，始终发挥着统揽全局和指挥引领的作用，这也是与西方社会治理的一个重要区别所在。

（二）社会治理手段和治理方式的多元化

从方式和手段上看，社会管理强调的是政府主要依靠科层制的行政审批、行政命令等方式，采用自上而下的方式，进行资源配置和解决社会问题，可以说是以政府为单一中心的管理模式。社会治理则不同，在治理方式上，除了依赖传统的行政控制、法律手段等正式制度安排外，更强调利用经济手段、社会自组织、道德教育等，采用非正式的协商、对话、妥协、合作、互动等协调方式，在“多中心”体系下，更加有效地配置社会资源，解决不同范围和不同领域的社会问题。当然，这需要相应的配套制度加以保障，否则依然无法避免“各自为政、部门导向”的单向治理和做法，难以构建网络化协同治理的大格局。

（三）社会治理目标突出“有序、活力、公平、包容”的结果导向

传统的社会管理思维，主要依赖政府强大的行政权力，对广大企业、社会组织和民众实行管控，防止社会发生动乱，片面地强调维护社会稳定，社会缺乏应有的活力，很难真正推动社会的文明与进步。更重要的是，传统单项的社会管理

很难照顾到弱势群体的基本权益，不同群体之间的不平等较为明显，在诸多领域存在社会排斥现象。而社会治理则是从多元主体之间平等、对话、协作的理念出发，既要有一个有能力、有责任的公共服务型政府对社会政策做出顶层设计和总体部署，更要鼓励和引导广大的企业组织、社会组织、民间自治组织、个人等，在合法的前提下，参与社会公共事务，创新创造，激发社会活力，实现既有秩序又有公平和活力的和谐社会；更能有效保障弱势群体和社会底层民众的基本权益，城乡之间、区域之间、不同群体之间的不平等问题得到有效的缓解，形成社会包容性发展的良性运行格局。

（四）社会治理主体的多元性和平等性

社会治理主体有以下两个突出特点：一是从量上看，社会治理主体从“一元”向“多元”转变。其具体既包括作为公权力主体的政府等，还包括社会组织、企事业单位、民间团体、公民个人等相关的治理主体。其中除作为公民个人的主体之外，其他的主体多是法律拟制的主体，具有某种程度的“人格性”。二是从地位上看，各治理主体间要求具有更大的平等性。平等性在公民个人之间、各拟制主体之间、公民个人与拟制主体之间自不待言，就是在政府等公权组织与其他社会主体之间，其关系也由之前的单向强制服从型关系转向互动服务或协商型关系，其中的平等性色彩日渐浓厚。具有平等性的多元主体存在，能让社会主体在社会治理中充分表达自己的诉求和发挥积极主动性，进而寻求社会内生的最大共识和最大动态平衡。社会治理的过程更注重协同协商与互动合作。而社会治理包含多种运作机制，除了国家治理和政府治理中的公权力运行机制之外，更多强调的是社会的自我管理和社会自治机制。即强调各社会主体之间的民主协商、多元互动、互相合作、实现共赢，要求各社会主体充分表达自己的意愿，进行协商对话，进而达成共识。也是在这个意义上，社会治理被称为通过民主参与实现社会秩序的方法和机制。

二、社会治理思想的基本特征

以习近平同志为核心的党中央将社会治理工作放在比以往更加重要的地位，相当重视对社会突出问题和矛盾等的治理工作，立足新阶段，将前人治理智慧和优秀经验融入推进中国特色社会主义事业的探索和实践，实现了继承与创新、理论与实践的不断结合，将治理事业推到了一个新层次，形成了新时代的社会治理思想。这一思想内涵深厚，特征鲜明而多样，对其进行理性科学的研究和剖析，有利于新时代的社会治理工作的更好开展。新时代的中国社会治理思想具有鲜明的特征，体现了其在新时代、新社会背景下的新发展、新完善。

（一）理论与实践相结合

任何思想理论的形成都不是空谈的结果，而是在历经一定实践的检验之下才站住脚的。同理，任何实践活动都以理念、思想为先导，没有具体理论引导的实践活动往往难以为继。新时代社会治理思想同样是在相关理论与实践的共同作用之下形成和逐渐发展起来的，理论与实践相结合是其首要特征。这一思想汲取吸纳了马克思、恩格斯、列宁有关治理的理念，传统文化中的优秀治理主张以及中国共产党在摸索与实践中得来的治理理论。正是在以上优秀治理思想精华的指导和引领下，党和人民才能在新的挑战与机遇、新的发展背景下不断推动社会治理实践的持续发展，从而产生经实践检验的新的理论成果，即新时代的社会治理思想。理论源自实践，且指引实践。党的十八大以来，社会发展面临的众多威胁和挑战，以及当下的治理现状和遇到的难题为这一思想的产生夯实了基础。中国共产党在新的社会条件下形成的治理思想是基于现实国情、从社会发展的全局高度提出的新思想，是极具科学性和实践性的重大理论创新成果，在指导我国社会的具体治理实践方面具有极强的价值性。

（二）法治与德治并举

强调法治与德治并举，推进治理的法治化的同时，配以德治实现对公众思想的引领，是中国共产党在新时代提出的有关治理路径的新要求。法治和德治均是推进治理创新的重要手段，二者是通过规范和指引社会成员行为，从而起到保证社会环境稳定和谐的两种不同的方式。法治是应对社会领域治理问题的基本方式，是处理社会问题的硬性手段，属于让人身服的规则之治。良好治理环境的形成要求法治，治理质量的提高呼唤法治。在社会环境严峻复杂、矛盾多发的背景下，中国共产党强调依照《宪法》及相关法律规定进行治理活动，完善治理领域的立法、执法、司法和守法机制，要求一切治理实践必须在法治的基础上开展。德治不同于法治，它侧重于从群众的道德塑造出发，促使其从内心对自身的行为加以约束，作为解决各种社会问题的软性手段，属于让人民群众心服的柔性之治。党的十八大正式提出社会主义核心价值观，在社会各领域进行宣传推广，并号召全员践行，将其作为教育和巩固全民共同思想基础的重要手段，充分体现了党中央对在治理工作中发挥德治作用的重视与肯定。只有坚持法治与道德引领并存相融，才能最大限度地规范治理主体行为，推进治理工作稳步前进且充满活力。

（三）以点带面与系统治理相结合

以点带面与系统治理是中国共产党在新的社会背景下围绕社会领域的发展问题形成的最新治理理论的基本特征之一。以点带面，即将一个地方或试验区取得的成功经验广泛应用到全国各地，逐渐形成各地区繁荣发展、欣欣向荣的一片良好景象。在社会治理领域具体表现在，党的十八大以来，我们党多次就继续学习和推广“枫桥经验”做出重要批示，强调通过革新发展符合新的发展背景的“枫桥经验”，推进造就基层治理的新范本、新样式。当前各地市纷纷开展基层治理改革试点工作，选择群众积极主动性高、基层干部觉悟高的社区、村开展先行试点工作，树立治理新标杆，推进治理工作创新发展。围绕社会领域开展的治理工作是一个涵盖面广的系统性工程。中国共产党根据我国当前所处发展阶段的基本特征和主要矛盾发生的新变化，从战略全局的高度对如何进行社会治理工作、如何进行社会治理创新提出了一系列的新观点和新思想。在社会领域开展的治理工作涉及方面广，各类治理事务积聚，处理较为繁杂，这就要求构筑更为体系化的治理模式。从主体范围来看，新时代社会治理思想强调要形成治理共同体，即广泛鼓励社会成员参与到对社会领域事务的治理工作中，达成党领导下的政府、社会组织以及公民群体等共同参与的治理新局面。从治理目标来看，这一思想将治理目光着眼于社会全局，涉及就业、公共服务、公共安全等多领域，要求妥善处理各类社会事务，照顾到社会发展的各领域，既要统筹好城乡发展不平衡、差距大的问题，又要协调好各领域资源分配不均衡的问题，旨在形成全面、协调、稳定且长久的治理机制，助推现代化的社会治理发展。

（四）党的领导与人民当家作主相结合

以党的领导引领治理，以人民至上标准判评治理，实现党的领导与人民当家作主融会贯通，是我们党有关新时代社会治理理念的根本特征。党的领导一直以来都被视作社会发展和进步的重要政治保障，主要起定方向、稳大局的战略作用。我们党在新时代推进社会治理发展的进程中，始终强调党在社会治理全域的领导作用，由中国共产党站在推进治国理政新高度的政治方位上，对社会治理的全局性工作及完成目标进行规划和部署，要求完善党委领导下的各治理主体协同推进治理实践的治理体制，以确保治理工作始终沿着社会主义的正确方向推进。坚持人民至上，贯彻落实人民中心论是新时代社会治理思想的重中之重。社会治理本就是为了治理人，为了服务人。实现治理创新，推进治理发展靠的还是人民群众的力量。党的十八大以来，我们党将人民至上这一原则作为治理主线，融于社会治理政策决策制定和落实过程之中。始终坚持群众观点，多渠道、多方式号召公众群体及公民个人参与治理实践，通过拓宽参与治理路径、健全矛盾预防与防范机制、加强公共安全体系建设和预警机制建设等举措为维护人民群众切身利益、满足公众在生产生活和精神层面的需求而不懈努力。党的领导与人民当家作主的有机结合，使新时代社会治理发展既保持方向性，又凝聚民意，将民生福祉作为治理的根本任务，不断推进群众的事由群众自己解决，大大推动了社会治理的创新发展。

第三节 社会治理的目标

一、社会治理的中间目标

维护社会稳定和公共安全对于任何国家和统治阶级都是最为基本的需要，同时也可以说是整个人类社会赖以生存和发展的基本前提。不过，从社会治理的角度来看，什么样的社会发展状态可以谓之“稳定”和“安全”远比为什么需要社会稳定与公共安全的问题更加难以回答；同时，社会稳定与公共安全尽管是社会治理想要实现的直接目标，但还不能算得上是最终的目标。

（一）社会稳定与公共安全的意义与本质内涵

社会矛盾与社会冲突对经济增长与社会发展的影响，在任何时期和阶段都是不容忽视的，而任何国家和政府也都不会放任社会矛盾与社会冲突持续地走向激烈与恶化。根据“社会冲突”的相关理论与实践可以得知，当社会矛盾与社会冲突的范围和程度在可以承受的范围内时，社会矛盾与社会冲突的存在与发展，既会对经济与社会发展带来直接的负面影响，同时也会带来一定的积极效应。这也就是所谓的“社会冲突”的“正功能”与“负功能”。而通过社会治理来化解社会矛盾与社会冲突所带来的风险和压力，并且经由适当的缓和与引导来促进其在经济发展与社会运行的过程中发挥正面的积极效应，应当说是每个国家和政府的必然选择。于是，社会的稳定与和谐作为社会矛盾和冲突的基本对立面，理所当然地成为每个国家和地区推进社会治理过程中所追求的直接目标。

“社会稳定”是一个相对笼统和抽象的概念，作为社会治理的目标，它主要体现为社会运行与社会生活处于“有序”和“可控”的状态，其在具体的形式上往往是多种多样的，并且应当从动态的发展过程的角度进行理解和衡量。这也就意味着，社会稳定并非指的是一种一成不变的静止状态，同时也并非仅仅针对社会发展的某个方面而言的，而是涵盖了政治、经济、文化等各个领域发展变化的一种结果。无论在任何历史时期和发展阶段，特定的国家和地区所面临的社会矛盾和社会冲突，在具体的领域和数量上都是极为广泛的，而从生产力与生产关系之间、经济基础和上层建筑之间的矛盾与冲突的角度来理解，人类社会所面临的基本矛盾也始终是极为普遍的；然而，从社会稳定的角度来看，无论是现实社会中的社会活动以及人与人之间的社会关系多么复杂，“有序”与“可控”都可以作为首要的衡量标准。其中，“有序”主要指的是各种社会活动都按照一定的社会规范，包括法律规范和道德准则等正式与非正式的制度与规范，从而表现为一种协调和有秩序的状态；“可控”则是以此为基础，表明社会运行仍然处于可以消除由失序所带来的负面影响的状态，如个别社会成员不遵守法律规范和道德准则的行为，以及社会某些领域中出现不协调或失衡局面，该社会有机体可以通过执行惩罚措施或者强制的干预和调节来予以纠正。由此可见，“有序”和“可控”正是社会稳定的两个最基本的特征。同时，“社会稳定”既不是自发调节所达到的自然状态，也并非没有任何矛盾和冲突存在的超越社会现实的理想状态。因为“社会稳定”是需要通过主动地干预和调节来达致的状态，同时作为一种相对于“不稳定”而言的状态，它主要意味着社会矛盾和社会冲突给社会运行与发展所带来的不利影响，尚在可容忍和控制的范围以内。

“公共安全”作为社会治理的目标，同样也是指社会运行与发展所处的一种状态，不过它着重强调了社会公共领域的安定与有序，所有的社会成员能够最大限度地避免由自然与人为灾害而带来的各种伤害，包括对生命与财产的损害，以及对身心健康和民主权利的损害等。因此，可以将“公共安全”理解为对“社会稳定”的一个特定阐释与必要补充，着重强调了在社会经济发展水平逐步得到提升的过程中“安全”问题的社会化发展倾向。显然，从公共安全的角度来加以理解，风险社会概念的提出意味着人类对工业文明状态下的“风险”与“安全”有了更为深入的理解。

当然，从社会治理的直接目标角度来看，“社会稳定”所涵盖的意义和范围要比“公共安全”更为宽泛和丰富，“公共安全”只是“社会稳定”的一个重要方面，或者可以视之为达致社会稳定状态的一个必要条件。

（二）社会稳定与公共安全的关键所在

对“社会稳定”进行准确界定事实上是非常困难的，因为其内涵与外延过于宽泛和丰富，并且并非不允许“危机”与“风险”因素以及一定限度内的社会矛盾与社会冲突的存在。因此，对于如何达成社会稳定与公共安全的状态，显然不能采用逐步排除的思路，而只能是以“有序”和“可控”的标准结合具体的时期和阶段来梳理出需要关注的重点。

作为社会治理中间目标的“社会稳定”可以放进“国家治理体系”的框架中来加以理解和把握，即基本涵盖了经济建设、政治建设、文化建设、社会建设和党的建设等多个方面。因此，按照“具有中国特色的国家治理体系与国家治理能力现代化”的标准和内涵，现阶段我国执政党的建设与巩固、政府自身的建设、经济发展方式的转变、社会实体与社会制度建设，以及文化强国建设等，就构成了当前“社会稳定”目标的主要内容与达致这种状态的基本途径。

此外，社会和谐稳定的又一内在要求就是社会达到全面的公平正义。实现社会公平正义，不仅是一个经济问题，也是政治问题和社会问题。它不仅涉及收入分配和利益调节等经济方面的问题，还涉及公民权利的保护、政府管理的公平和司法公正等社会和政治领域的问题。社会公平问题解决的好坏，涉及党的事业繁荣发展、社会关系的和谐稳定、国家的长治久安和中国特色社会主义事业的大局。由于中国经济实力的大幅增加，民主意识得到了显著提高，人民对公平正义的要求也越来越强烈，公平正义问题已成为当前中国社会矛盾的交汇点和人们关注的焦点。只有有效维护和实现社会公平正义，将社会各方面问题协调好，切实解决矛盾，才能保持社会的和谐与稳定。社会在不断发展，面临的问题也在不断变化，社会治理方式要符合社会发展的需要，促进社会和谐稳定发展是社会治理目标所在。

二、社会治理的终极目标

人类社会发展的终极目标既是一个带有神秘色彩且始终难以得到圆满解答的哲学命题，也是一个基于不同历史时期和发展阶段，由具体的社会成员或群体依据自身理想进行设定的问题。在古代，我国有“仁政”思想与“大同社会”的理想，而西方也有大量有关“自由”“平等”“民主”的阐释，这些关于理想社会状态的描述与阐释，尽管难以用极为简化的语言进行提炼和概括，但是大体上符合“和谐”与“可持续”的基本特征。

（一）全球治理与联合国千年发展目标

“全球治理（Global Governance）”理论的形成与发展，主要以20世纪80年代之后世界秩序的结构性变化为背景，并在很大程度上受到了冷战体制解体和全球化进程加快，以及人口爆炸、环境恶化与核武器扩散等全球性问题日趋严重等方面复杂因素的影响和推动。冷战结束之后，当时的国际政治结构发生了深刻的变化，整个国际社会的能力与发展都被悲观情绪所笼罩。因为无论是在推动经济增长方面，还是在民主政治的发展以及联合国的权威与作用等方面，都面临着一系列的问题与危机。同时，在对经济全球化发展问题的认识上，由于生产方式的变革和国际贸易规模的日趋扩大，以及在这一过程中跨国公司和信息技术等得到发展，国际范围内的分裂和斗争开始进入人们的视野。基于各国对经济增长与全球化进行的调控努力，当以国家和市场的视角切入时，就会发现如何进行具体的定位或者实施倾斜，也正是推动变革以及全球治理理论形成与发展的重要因素。联合国基于全球化发展进程的不可逆转，以及其影响波及所有国家的事实，明确提出要“调解世界各个国家在权力、文化、国土和利益方面的分歧”，并认为各个国家除了对自身的社会经济发展负有责任，同时也对所有的公民在地球上的共同生活负有责任。

对于全球治理背景下联合国千年发展目标的设置，世界各国基本上持有赞赏的态度，而其作为全世界第一个基于全球发展而制定的全面发展目标，既是世界各国在面临新的发展形势与问题时取得的有益共识的体现，同时在国际社会上发挥了广泛而又深远的影响，并且取得了有目共睹的成就。首先，参考千年发展目标的具体设置，我们能够更为明确社会治理的终极目标仍然服从和服务于人类社会发展的基本需求，并比较典型地体现在教育、医疗卫生、就业和环境保护等民生领域；其次，正如“总目标”与“具体目标”之间客观存在着是否能够体现足够的支撑关系一样，在社会治理创新的终极目标与中间目标之间，同样也需要考虑终极目标的具体体现，以及究竟应当如何实现的问题；最后，联合国千年发展目标的设置与完成情况，也让人们再次认识到了在社会的治理与发展方面，不但涉及人类社会生产与生活的各个方面，而且由于各个行动主体在其间形成的复杂关系，现实问题变得更为复杂。

（二）社会和谐目标

自古至今，有关社会和谐的思想与文化可谓源远流长，并且始终是人类社会发展终极目标轮廓的重要基础。不过，对于社会和谐状态的具体设定，大约在任何时期和阶段都是不可能真正完成的，因为既无法去设想整个人类社会发展的终点所在，同时也难以就整个社会发展去做极为全面详细的规划与设定。因此，在大多数场合中，作为终极目标的社会和谐状态都是作为理想状态而存在的，而在具体的社会建设与发展中，社会和谐目标也只能通过具体的现实目标来逐步向这种状态不断接近。在这个高级阶段，社会各个方面都处于协调发展的状态，“各尽所能、按需分配”得以实现，而社会成员的觉悟与精神境界也都处于一种极高的状态，这也就是科学社会主义所说的社会和谐的终极状态。社会和谐的终极状态尽管对于社会治理创新有着十分重要和明确的指导意义，但是就所要研究的对象和问题而言，显然不适宜过多地分析和讨论这一终极状态本身。我们所关心的依然在于如何走向这种状态，尤其是在社会主义初级阶段应如何确保我们始终在不断地向这种理想状态靠近。因此，结合当前我国经济与社会发展的实际，现阶段社会治理创新的终极目标所指向的“社会和谐”理所当然地由“社会主义和谐社会”建设目标来予以阐释。众所周知，进入21世纪以来，党的十六大和十六届三中、四中全会，陆续从“全面建设小康社会”以及开创中国特色社会主义事业新局面出发，正式提出了构建社会主义和谐社会的战略目标。即使作为过渡时期和过渡阶段的社会和谐目标，社会主义和谐社会目标所包含的内容依然是极为丰富的，涉及民主法治、就业与社会保障、基本公共服务、环境保护、人际关系等不同的层次和领域；同时，从社会治理创新的实践角度来看，这一系列定性目标所涉及的具体活动范围也是极为广泛的，而且在每一个环节上都可能需要考虑如何取舍和兼顾，如收入分配格局的改善需要规范收入分配秩序，并由此涉及调节过高收入和取缔非法收入，以及农民增收、最低工资、工资指导、事业单位改革和个人所得税制度等。总而言之，作为社会治理创新的终极目标，“社会和谐”所指向的是一种理想状态，而“社会主义和谐社会”则对应着现阶段我国社会治理创新的终极目标，当前所有的社会治理创新活动在某些具体的层次和领域内都可以指向具体的目标，尤其是作为中间目标的社会稳定与公共安全，但最终指向的必然是促进“社会主义和谐社会”建设的战略目标。

（三）人民安定幸福目标

人民是历史的创造者，推动着社会不断向前发展。社会是由人民组成的，人民是社会发展的基础，人民的安定幸福也是社会治理的根本目标。社会治理归根结底是“人”的治理，其目标主体是人，治理的目的是为人民谋福祉，维护最广大人民的根本利益，从而通过合理有效的社会治理保障和改善民生。党的十八大以来，我国高度重视民生问题，在全国范围打响了脱贫攻坚战，通过精准扶贫、扶贫先扶智等一系列举措，使我国农村人口摆脱贫困，贫困地区有了新面貌。在社会保障方面，国家不断完善社会保障制度，通过改革将养老金并轨，实施城乡统一的养老金制度，保障了人民的基本养老。教育问题上，扩大教育资源覆盖范围，缩小地区和校际差异来确保教育公平。健全困难学生的资助体系，完善助学贷款、奖学金、助学金等资助制度，解决上学难问题。与此同时，国家大力建设创新型国家，大力支持大学生创业，以创新创业促进就业，激发社会创新活力。

（四）可持续发展目标

正如对于社会治理中间目标的分析和考量中，专门提出了“公共安全”来形成对“社会稳定”的补充和强调，作为社会治理的终极目标，也专门提出“可持续发展”来构成对“社会和谐”的补充和强调。因为“社会和谐”作为一种指向理想状态的终极目标，尽管所要求的内容包含且指向了经济与社会的可持续性，但是基于现代社会中的大量风险与不和谐因素，仍然有必要对发展的可持续性进行专门的强调。“可持续发展”作为一种理念已经深入人心，世界环境与发展委员会所做的“既满足当代人需求，又不损害后代满足其需求能力的发展”定义，简明扼要地勾勒出了“可持续发展”的精神内核与原则性要求。显然，这个定义准确地体现出人类社会的整体性和共生性，并且强调包括代际公平性的可持续原则，从而对当时以及后来的全球经济与社会发展中所出现的一系列问题，如资源枯竭、环境污染、环境承载力达到边界等，做出了积极有效的回应，引起了广泛的认同和共鸣。对于社会建设与发展而言，可持续发展的理念也是十分重要且具有启发性的，除了对资源环境问题本身就具有重要影响之外，经济发展应与我们所处的自然环境实现平衡，人口增长与生活质量的提升必须以不超越环境的承载能力为基本前提，并且应当将技术进行合理运用以帮助提高劳动生产率和资源的利用效率等，都在可持续发展理念的框架之下得到了进一步的明确和着重强调。尽管在一些具体的技术细节上，至今也难以对可持续发展的原则和要求进行足够充分的论证，如代际公平的具体衡量、社会贴现率的具体设定，以及环境成本的具体核算等，但是，可持续发展的理念促使人们开始从极为不同的视角来思考上述问题。作为社会治理创新的终极目标，可持续发展已经在很多具体的社会治理创新目标设置与实践活动中得到了体现。

从现阶段我国的社会治理创新活动来看，“构建全民共建共治共享的社会治理格局”事实上也可以说是对可持续发展理念的具体应用。改革开放以来，我国的经济转轨与社会转型逐步加速，经济建设取得了巨大的成绩，使得物质财富实现了巨大的增长，而社会建设也使得个人之间与群体之间的社会关系走向现代化，但是也遗留和产生了不少的问题和矛盾，如收入差距与社会保障问题以及生活水平提升之后更高层次需求的满足和利益冲突问题等。

因此，以“多方参与”和“共建共享”的方式来处理社会事务，调解社会中的矛盾纠纷，也正是为了提升社会建设与发展的可持续性，减少社会运行风险和压力的持续累积。因此，作为社会治理的终极目标，可持续发展的理念和原则已经系统而又深刻地融入了现阶段我国的社会治理创新的实践活动。在根据经济与社会发展形势的变化，持续深入地推进社会治理创新的过程中，我们所要做的就是在坚持这一理念与价值取向的同时，不断地将其应用到具体的社会事务处理和社会矛盾、社会冲突的化解之中。

第四节 社会发展与社会治理发展的动力机制

动力机制简单来说就是源动力，即发展动力的根源。动力机制是指市场主体及其内部各成员在利益驱动下积极参与生产经营活动，寻找自身发展的内外在动力机制。物质推动和精神推动都是重要的推动力。

社会发展具有自身的动力源，并在社会的内部结构中发挥重要作用。社会治理现代化是发生在社会领域的变革，是实践的深化发展。就实践过程而言，社会治理始终是人的社会实践活动。社会治理发展离不开人的社会实践活动和实践关系。因此，在社会生产中，人的需要构成了社会治理发展的内在动力。就组织体系而言，社会治理发展离不开政府、市场、社会组织等组织之间的相互协作。就手段或方式而言，科学技术的进步推动着社会治理实践和思维，尤其是社会治理的发展，并且表现出一种根本性的社会生产力量。与此相适应的是，社会发展与社会治理发展的动力机制可以分为内在动力、外在动力和根本动力三个层面，并突出表现为这三个动力的相互作用。

一、社会发展与社会治理的内在动力

马克思主义理论认为，社会历史的蓬勃发展有赖于人类的物质生产方式，物质关系贯穿于整个社会历史的发展。在社会实践中，“现实的人”的需要起着重要的推动作用。人们从事各种社会历史活动的前提是满足自己的物质需要，也就是说，满足自身的物质需求是首要的，所以人民的物质需求推动着社会发展，需要促使人们从事劳动和各种社会实践活动，并以实现自身需要作为最终的目的，

是人们进行生产实践的内在动力。这说明人类历史的第一个前提无疑是有生命的个体的存在，所以首先要确立的具体事实就是这些个体的物理组织与它们所支配的自然世界之间的关系，促进了人们从事物质生活资料的生产，进而改造自然界，实现自身的物质需求。

（一）需要是社会发展的动因

需要是生命有机体的一种匮乏状态，它只有使自身对象化才能获得肯定性特征。从原始意义上讲，需要是生命有机体的一种本能。需要是马克思主义哲学的重要范畴，马克思有时把需要分为自然需要和社会需要，有时把需要分为生存需要、享受需要和发展需要。心理学家亚伯拉罕·马斯洛（Abraham Maslow）认为，人有两种性质的需求：一类是沿着生物谱系上升方向逐渐变弱的需求，即低级的生理需求；一类是随着生物进化而逐渐呈现的潜能或需求，即高级的心理需求。在此基础上，马斯洛将人的各种需求划分为人的基本生理需要、安全需要、归属与爱的需要、尊重的需要和人自我实现的需要五个等级。需要具有社会历史性、内容丰富性和无限拓展性。马克思主义哲学与以往哲学的最大区别在于，它不是就动力谈动力，而是追寻动力产生的原因，即动因。马克思认为，首先，需要是社会发展的动因。其次，需要是人类历史的前提。人们为了能够“创造历史”，必须能够生活。但是为了生活，首先需要衣、食、住以及其他的东西。因此第一个历史活动就是生产满足这些需要的资料，即物质生活本身。在所有人的本性中，需要是最基本的、最简单的本质属性，人的其他一切属性都可以在需要本性的基础上加以说明。人的需要的满足既是人的本质力量的物化，又是人的本质力量的确证。最后，需要是全部社会生活的源泉。一方面，需要是生产的内在动因；另一方面，生产本身就创造着需要。正是在需要和生产的双向运动过程中形成了全部社会生活的丰富内容，生产力与生产关系、经济基础与上层建筑的矛盾都在需要中产生。需要是人类历史的前提、是人的本性，而且是全部社会生活的内在源泉，因此，把需要作为社会发展的动因，就顺理成章了。

（二）人民美好生活的需要

在新时代，人们在面对各种生活要素的选择时，已经不再局限于“有”“没有”的问题，而是进入“好”“不好”这个更高层次的追求。这就充分体现了人民群众对美好生活的价值期待。美好生活需要是旧矛盾解决、新矛盾产生而出现的新命题。在物质需求在一定程度上得到满足之后，社会发展使人们产生了新的需求。而新的需求与其所在的社会条件又构成了新的社会矛盾，新的社会矛盾又蕴含着社会发展的新动力。

从内涵上看，美好生活需要既包括生存需要，也包括享受需要和发展需要。从外延上看，美好生活需要不仅指物质需要，而且包括更高要求的物质生活。由此可见，美好生活需要是动态的，处在日益增长的过程中，它体现出人的需求由低到高、由简单到复杂的变化趋势。如果说人的需要是社会发展的动因，那么人民的美好生活需要就是新时代中国特色社会主义社会发展的动因。首先，人民的美好生活需要是新时代中国特色社会主义社会发展的前提。人民是中国特色社会主义社会的主体，坚持以人民为中心，发展依靠人民，发展为了人民，发展成果由人民共享，这是中国特色社会主义社会发展的基础。进入新时代，中国实现了由站起来、富起来到强起来的飞跃。生产力的巨大进步使人民生活得到显著改善，人民愈发追求美好生活需要，这就构成了推动新时代中国特色社会主义社会发展的强大动因。但是，由于中国是一个发展中国家，还处在社会主义初级阶段，生产力发展的“先天不足”是现实国情。要满足人民的美好生活需要就必须进一步发展生产力，转变发展方式，实现高质量发展。因为人民的美好生活需要是日益增长的，所以推动高质量的发展就是无止境的。其次，美好生活需要是人民的本性。实际上，追求更高的需要、过上更好的生活是人性使然。中国是一个社会主义国家，社会主义的本质决定了人民有权过上美好生活，也应该过上美好生活。社会主义能够创造出比资本主义更高的生产力，能够满足人民日益增长的美好生活需要，而人民对美好生活的需要也会转化成人民的实践创造活动，从而产生巨大的发展动力。最后，人民的美好生活需要是新时代中国特色社会主义社会生活的全部源泉。正是因为人民美好生活需要的丰富性和理想性，推动着经济建设、政治建设、文化建设、社会建设和生态文明建设，推动着全面建成小康社会、全面深化改革、全面依法治国、全面从严治党“四个全面”战略的协调推进，推进着实现“两个一百年”奋斗目标和中华民族伟大复兴中国梦的新征程。

二、社会发展与社会治理的外在动力

外在动力是事物发展的条件，社会治理体制创新可以推动社会治理的发展，社会发展与社会治理的外在动力主要是指社会治理体制创新。社会治理体制是指规范社会权力运行和维护公共秩序的制度和程序，包括规范行政、市场和社会行为的制度和程序。创新社会治理体制，是指在现有社会发展水平下，根据政治、经济、社会的发展情况，按照社会运行规律和社会治理规范，运用新的社会治理理念、知识、技术、方法和机制等，对传统治理模式进行改进和改革，构建新的社会治理机制和制度，实现社会治理的目标。

（一）社会治理体制创新的重要性

第一，社会治理体制创新是推进社会发展与社会治理发展的基础工程。社会治理要找准自身定位，服务于国家治理大局，任何创新做法或实践路径都体现着国家意志，而不是不受任何外力影响的随意行为。中国共产党从“社会管理”到“社会治理”的理念升华，不仅是对社会主义发展规律的深入认识，还在于实现国家治理发展的内在诉求。社会治理体制创新与国家治理发展总战略休戚相关，党领导社会治理所作出的政策、制度及实践创新，推动包括治理制度、治理体制等内容的治理体系变革，有利于增强社会治理的制度化建设，是推进社会发展与国家治理发展的基础性工程。

第二，社会治理体制创新推动社会治理发展。由于受传统监管思维、一般的行政结构、社会与市场发育程度等因素的影响，社会治理体制发展不完善。要推动社会治理的发展，就必须进行社会治理体制创新，推动社会治理理念、治理方式、社会制度的建设以及推进社会治理能力等方面的发展。在社会治理进程中，作为制度性因素的社会治理体制创新，将会极大推动社会治理的发展，让基本制度的优越性得到更好的发挥。坚持人民的主体地位是社会治理体制创新的根本要求。推动建设人人有责、人人尽责、人人享有的社会治理共同体，更好地服务于公平、民主、权利和法治，更好地保障人权和切身利益，更好地尊重个人的尊严，更好地维护群众利益。在当前，我国经济社会快速发展，在发展过程中的差异化导致社会阶层分化，并且分化的速度越来越快，涌现出了一大批经济组织和社会组织，它们在社会管理领域不断发挥着作用，且越来越强大。在此情况下，人们对社会治理的效能提出了更高的要求，这迫切需要我们加强和完善社会治理体制创新，推动社会组织健康有序地发展。

（二）社会治理体制创新对社会治理的推动

第一，社会治理体制创新推动治理理念发展。科学的社会治理理念是实现有效治理的前提条件和基础。在我国，人民是国家的主人，所以最为关键的就是坚持以人民为中心的理念，强调人民在社会治理中的中心地位，有助于实现“全民共建共治共享”的社会治理活跃局面。社会治理局面活跃，人民群众参与社会治理的积极性提高，推动建设人人有责、人人尽责、人人享有的社会治理共同体。

第二，社会治理体制创新推动治理方式发展。治理方式反映了治理行为运行的特点和规律性。合理、稳定的社会治理体制对社会治理发展起着重要的保障作用，促进社会治理方式的创新和完善。在市场经济条件下，探索适合我国的社会实际和经济社会发展的治理模式，是改革当前经济社会发展方式的本质要求。社会治理方式是讲究辩证法的，宽严适宜，就是既要把握管理好的同时又不能管得过死，刚柔并济，让社会活动起来迅速而又有序。所以社会治理方式是极为关键的环节。

第三，社会治理体制创新推动治理制度发展。社会治理的实现，制度创新是根本性的。首先要加强制度的顶层设计，特别是针对社会领域的制度设计，注重政府与市场关系的制度设计，确保市场在资源分配中的决定性地位，尊重市场规律，尊重市场主体在经济社会发展中的作用；其次要建立公平参与的制度，随着时代的改变，过去的管制制度已经不合时宜，政府的命令式、运动式以及动员式的治理方式已经不再适合当今社会治理的现实，人们的主人翁意识增强，更加趋向于互动式地参与到社会治理的实践中。所以，需要以法治来规范人们参与社会治理的活动。制度的创新在于法治的创新和逐步完善的过程，就是要在社会治理的过程中建立规范化、法治化的制度机制。

第四，社会治理体制创新推动社会治理能力发展。社会治理能力的提升，可以切实提高治理主体参与社会治理实践的水平和能力，以此促进整个社会治理高效运转，从而提升全社会的治理水平。社会治理的高效运转，核心在于拥有一支高素质的专业人才队伍，因而在治理实践中，可围绕人才培养开展关于社会治理的专业教育培训，这样培养出来的人才，不仅知识文化水平高，而且实践能力强，在实践中敢于治理、敢于担当。另外，还应充分发挥科技对社会治理的支撑作用，将云计算、物联网、互联网、大数据等信息化手段运用于社会治理的实践中。

三、社会发展与社会治理的根本动力

科学技术作为一种社会变革性力量，是社会生产力的先导，是社会治理发展的重要支撑，为社会治理发展提供了技术路径。在新一轮科技革命的巨大变化下，社会治理领域也将迎来巨大变革，这种变革将为拓展社会治理的新领域带来巨大变化。科学技术作为非制度性因素的重要性日益显现，对促进社会治理现代化具有重要的支撑作用。

（一）以科学技术为先导的社会生产力

马克思指出，科学技术是历史的有力杠杆，是最高意义的革命力量。他认为生产力中就包括科学技术，因为当科学技术初步应用于生产时，它便成了生产力，而当生产力发展越迅速时，科学技术的重要性就凸显得更加明确；当其广泛应用于生产时，就越能渗透于生产力要素之中，从而进一步提高生产力水平。因此，科技不仅是生产力的重要因素，更是生产力的灵魂，它不能独立于生产力。如果物质生产缺少科学理论将无法进行，而当科学转化为真正的生产力时，它就会成为经济增长的重要因素，为全球的发展进步贡献其独特力量。

（二）新兴科技在深层次上推进社会治理现代化

科技既是执行政策的方式，也是制定政策的工具，还是理解政策的基础。通过技术，特别是信息技术的快速发展，政府与社会的协作关系更加紧密，在治理实践中，各治理主体的参与效率以及积极性也得到了提高，有利于政府的政策决策更科学、更合理。公众和决策者对技术的理解差异是当今治理问题的核心，要理解数字政府和数字政府背后的治理意义，互联网思维和数字思维是不可或缺的。在一定意义上，我国社会治理现代化的过程也是科技治理理念、治理逻辑现代化的过程。科技革命推动了技术工具的进步，新兴科技的不断出现为社会治理现代化提供了技术路径。在治理主体方面，新兴科技在社会治理实践中的应用，有利于治理的各主体更便捷地参与到社会治理实践中。治理的各主体参与到社会治理实践中，一方面，有助于治理与被治理角色的变换，从而丰富治理的内容；另一方面，新兴科技对各治理主体参与治理实践更好地赋能，会使治理各主体更加有能力参与到治理实践中，从这个层面而言，不仅能丰富治理的内涵，还能提高治理的效能。新兴科技赋能社会治理，不仅可以提升社会治理现代化的效能，还可以进一步增强社会可持续发展的能力，推动社会治理现代化。

在治理方式方面，新兴科技应用于社会治理，可以丰富社会治理的手段，使得治理更加多样化和专业化。新兴移动设备的使用让治理更加趋于智能化，数字信息智能解决方案将融入社会治理，无论是乡村还是城市，一体化智慧治理都更加突出；新生命技术的植入使得健康治理行之有效，新材料技术在环境治理中的应用使得环境治理更加高效，新兴科技解决社会问题的手段也越来越丰富，推动着社会治理现代化。

社会治理现代化的核心是人，人民对美好生活的向往就成为社会治理现代化的内在动力，美好生活需要的实现依靠科学技术和科技创新。一方面，科学技术是加快推进社会治理体系和治理能力现代化的技术回应；另一方面，新科技革命在深层次上推进社会治理现代化，对社会治理现代化起着重要的推动作用。科技创新需要政策鼓励和制度保障，而社会治理体制作为制度性因素，在保障社会治理现代化方面发挥着重要作用，并推动着社会治理现代化的实现。

第二章　社会发展与社会治理的基本历程

中国社会发展的历史进程遵循了马克思主义理论的科学指导，并在结合中国具体实际的前提下进行了实践探索。党的十九届四中全会开启了我国社会发展的新阶段，社会治理问题上升为国家战略任务。研究我国社会治理变迁演进之路，有助于更好地领会新时代党的社会治理思想。社会治理演进逻辑表现为社会治理地位不断升级、社会治理主体不断丰富、社会治理目标不断升华、社会治理领域不断扩大。本章分为社会发展的基本历程和社会治理的基本历程两个部分。

第一节　社会发展的基本历程

一、社会发展的基本历程概述

马克思指出："人们在自己生活的社会生产中发生一定的、必然的、不以他们的意志为转移的关系，即同他们的物质生产力的一定发展阶段相适合的生产关系。"物质生活的生产方式制约着整个社会生活、政治生活和精神生活的过程。不是人们的意识决定人们的存在，相反，是人们的社会存在决定人们的意识。

自 1840 年鸦片战争开始，中国逐渐沦为半殖民地半封建社会。随着帝国主义列强的侵入，中国社会发生了两个重大改变：一是独立的中国逐步变成了半殖民地的中国；二是封建的中国逐渐变成了半封建的中国。经过 28 年艰苦卓绝的斗争，中国共产党领导中国人民取得了新民主主义革命的胜利，结束了鸦片战争以来的动荡局面，翻开了中国历史的新篇章。之后，我们党又领导人民进行了社会主义改造，建立了社会主义制度。至此，中国共产党领导人民进行的社会革命取得了政治革命阶段的伟大胜利。新中国确立社会主义制度后，社会基本矛盾推动下的社会发展主要体现为对社会生产和社会生活进行的全面改造。1953 年提出“一化三改”后，我国开始了社会主义改造。1956 年社会主义改造基本完成后，经济上实行生产资料公有制，利用农村生产合作社、手工业合作社、资本主义工商业的公私合营等，大力发展社会主义公有制；政治上建立了人民代表大会制度的根本政治制度以及一系列基本政治制度。通过对社会的全面改造和制度建设，进一步巩固了社会主义革命的成果。但是社会主义建设作为一项全新的实践，难免会遇到一些曲折，因此，社会主义制度也处在不断的探索与自我完善中。直到改革开放后，我们逐步建立了中国特色社会主义制度。具体体现为通过经济体制改革，确立了中国特色社会主义基本经济制度；推进民主政治建设，发展中国特色社会主义政治；进而大力发展中国特色社会主义文化、积极推进社会主义和谐社会建设、在生态文明建设上持续发力。总之，在解决社会基本矛盾的适应与不适应问题过程中，中国的社会生产和社会生活发生了翻天覆地的改变。

（一）社会革命

在近代中国内外交困的窘境下，中国共产党打着“救亡图存”“让人民翻身得解放”的旗帜，赢得了群众支持，建立了现代国家。随着中华人民共和国的建立，民族独立的目标基本实现，面向国内的彻底的社会革命得以全面展开。

中国建立起了真正的现代国家制度，总体性的制度安排赋予了国家超强的自主能力。为了体现社会主义的优越性，中国共产党借助这种超强的国家自主性，制定了以“四个现代化”为核心内容的赶超型发展战略。在极弱的经济发展基础上，“高积累，低消费”成为实施这种战略的自然选择。首先，国家把极其有限的资源集中起来办大事，优先发展重点产业和关键的社会事业；其次，国家采用平均主义的分配方式应对生活资源的极度匮乏，以尽量满足所有人的基本生存需求；最后，党组织大力开展社会主义思想教育，宣传社会主义的优越性，倡导“大公无私”的集体主义思想。个人价值规范层面的大公无私、“以厂为家”，国家政治责任层面的生活包揽、“组织温暖”共同塑造了“社会主义不能饿死人”的社会信念，形成了集体本位的社会主义新道德，强调人人平等、结果公平、国家保障人民基本生活成为社会主义新伦理的关键内容。社会革命为当代中国一切发展进步奠定了根本政治前提和制度基础，集中力量办大事的计划经济体制为之后的发展奠定了物质基础。但是，随着这一时期的制度设计在实际运作中逐渐僵化，其缺陷也明显暴露出来。我们党开始了对社会主义建设道路的新探索，并在此过程中逐步形成了改革开放的重大决策。2018 年 12 月 18 日，习近平总书记在改革开放 40 周年大会上指出："改革开放是我们党的一次伟大觉醒，正是这个伟大觉醒孕育了我们党从理论到实践的伟大创造。改革开放是中国人民和中华民族发展史上一次伟大革命，正是这个伟大革命推动了中国特色社会主义事业的伟大飞跃！"①

（二）社会转型

1978 年 12 月 18 日，中国共产党召开第十一届三中全会，决定把党和国家的工作重心转移到社会主义现代化建设上来，实施改革开放，从而启动了当代中国最广泛、最深刻、最剧烈的社会转型。改革开放是中国共产党对国家建设和发展战略做出的革命性调整，其核心是回归马克思主义的实践理性，把社会主义、中国国情与中国发展紧密结合起来，开辟中国特色社会主义发展道路。因此虽然在行动上采取了渐进方式，但在初期就对涉及全局性、全过程的四个维度做了布局：一是社会主义本质的中国化。立足社会主义初级阶段的基本国情，针对中国的现实问题，从发展角度理解社会主义，把社会主义的本质具体化为解放和发展生产力、实现共同富裕，并且明确把"三个有利于"作为检验改革姓"社"还是姓"资"的客观标准。二是发展战略的理性化。尊重发展规律，正视现实条件约束，分阶段、有步骤地实现发展目标。在政策上，让一部分人、一部分地区先富起来，发挥带动和帮助作用，逐步达到共同富裕。在战略上，1987 年党的十三大确认了邓小平提出的先实现温饱，再实现小康，最终到 21 世纪中叶基本实现现代化的"三步走"战略步骤。三是借用市场机制提高效率。坚持以经济建设为中心，效率优先，兼顾公平，建设社会主义市场经济体制，激发微观经济主体活力。四是维护政治和社会稳定。政治和社会稳定是发展的前提条件，加强社会主义的民主法治建设、精神文明建设，不断改善人民生活，为发展创造安定团结的社会政治环境。

随着国家对经济控制的放松，20 世纪 80 年代商品市场的复兴便迅速引发了政治、社会领域的广泛变动，这种变动在 1992 年党的十四大启动建设社会主义市场经济体制之后变得更加深刻而剧烈。借助市场机制激发经济活力，要求政府

① 习近平．在庆祝改革开放 40 周年大会上的讲话 [N]. 人民日报，2018-12-18（2）.

放开管制，允许人力、资源和机会的自由流动，鼓励竞争并承认因此带来的收入差距。党的十一届三中全会之后，农村实施家庭联产承包责任制，乡村工业逐步兴起，城市个体工商户大量出现，农民和城市待业人员率先进入市场“自谋职业”，全国劳动力市场开始发育。1984 年，城市经济体制改革正式启动，核心是政府简政放权、打破城乡分割、将国有企业和集体企业塑造成独立自主的市场主体。在此过程中，原来限制社会流动的阶级身份制度、城乡分割制度、户籍制度、劳动就业制度要么被取消，要么不断扩大弹性空间，全国性的人口自由流动和就业迁移大潮开始涌起。1992 年，党的十四大明确了建设社会主义市场经济体制的目标，高度行政化的“单位体制”加速解体，企业通过建立现代企业制度成为“自主经营、自负盈亏”的效率机器，不再承担社会管理和福利保障功能，市场化的劳动契约关系取代了计划性的劳动就业制度，“铁饭碗”“大锅饭”式的平均主义分配方式被摒弃，职工“下岗”“失业”“跳槽”等现象日益成为常态，中国人从“单位人”转变成了“社会人”。在这个过程中，政府的角色和职能也在不断调整，并且连带社会治理体制以一种“问题倒逼”的方式向前艰难探索。1984 年城市经济体制改革要求政府“放权”，政府经济部门脱离与企业的直接经济利益联系，转向加强宏观管理，减少直接控制，释放经济社会活力。

这一时期，社会政策开始作为一个独立领域呈现出来。由于企业减负增效涉及大量国有、集体企业员工的下岗、失业、养老等问题，而社会对收入差距过大的焦虑持续升高，1993 年党的十四届三中全会提出“建立多层次的社会保障制度”。1993 年到 2000 年，最低生活保障制度在全国普遍建立，《国家八七扶贫攻坚计划》全面实施，城镇职工养老保险、医疗保险改革经过了多轮探索。与此同时，由于企业不再“办社会”，政府也不再“全能”，大量社会问题和公共事务沉积到基层，在社会服务社会化的思路下，“社区建设”从试点走向全面推广，民间组织发展从自发走向自觉，社会化主体对民生保障和社会稳定的双重托底功能逐渐变得不可替代。

然而总体看来，20 世纪 90 年代的社会政策和社会体制是在经济体制改革的牵引下被动前行的，缺乏经济体制改革那样明确的目标、路径和制度设计。在效率优先、兼顾公平的理念下，政府公共职能过快向市场化、社会化迈进，导致市场逻辑过度主导了教育、医疗、养老等基本社会福利领域，公共服务供给因市场不为、政府不能而严重短缺，市场化改革中的利益受损群体、市场竞争中的弱势群体越来越失去稳定的生活预期。到世纪之交，住房、教育和医疗已成为人民不堪重负的“新三座大山”，社会层面的负面反馈变得更加普遍和强烈。在这种情况下，政府职能到了真正向现代“转变”的时候。2001 年 3 月颁布的《中华人民共和国国民经济和社会发展第十个五年计划纲要》第一次提出“政府要切实转变职能”“政府配置资源的重点要逐步转向为全社会提供充足优质的公共产品和服务，主要包括促进教育发展……健全社会保障体系、完善公共基础设施、发展公共事业、维护社会治安、确保国家安全等”。从制度设计上协调政府、市场与社会的关系，此时已经呼之欲出。

1978 年到 2002 年，是中国市场经济高歌猛进、经济发展创造奇迹的时期，也是中国社会转型艰难前行、社会阵痛日益加剧的时期。在这期间，国民生产总值年均增长 9.6%，城镇居民人均可支配收入从 343 元增加到 7703 元，按世界银行贫困标准计算的贫困人口减少 4 亿多人，创造了名副其实的“奇迹”。但是另一方面，也产生了系统性、结构性矛盾。这些矛盾在 2003 年废止《城市流浪乞讨人员收容遣送办法》后找到了突破口。当现实中的相对剥夺感遮掩了发展带来的绝对获得感时，社会就要求人们把它当成一个独立领域进行系统设计和自觉建设了。

结合新时代中国社会转型实际，这就要求理顺政府、市场和社会三大力量形态之间的复杂关系，必须整合物质生产秩序，推动经济发展方式转变，优化调整产业传统结构，形成创新驱动发展模式，营造良好的生产生活环境，实现人与自然之间的有机统一。必须整合思想文化秩序，充分挖掘借鉴国内外文化资源，增强文化软实力，以社会主义核心价值观和中国梦为指引，凝聚人心共识，推动社会精神文明建设更加富有成效，实现人与自身之间知行同一。必须整合制度治理秩序，在破立结合中促进社会全方位制度体系科学化、规范化、程序化，积极培育运用制度治理国家和社会的执政治理能力，使制度体系和运用制度治理能力相互促进、相得益彰，实现人与人之间和谐相处。这实际上就是实现改革开放以来中国社会转型升级的必由路径和未来图景。由以上分析，中国社会转型的现实逻辑就清晰地展现出来：力量转移—利益博弈—结构嬗变—中国问题—秩序整合—转型升级。通过厘清中国社会转型的现实逻辑，深刻认识中国社会转型的深层次动因和改革方向，对进一步观照中国现实和中国人的全方位发展转型，保持高度自信的战略定力，实现中华民族伟大复兴的中国梦，具有重大政治意义和深远历史意义。

（三）社会建设

在经典马克思主义的理论体系中，社会是一个由经济、政治、文化支撑起来的总体性概念，独立于国家和市场的“社会”概念是阙如的。对于“摸着石头过河”的中国改革开放来说，一个不同于国家和市场的“社会”领域的出现，完全是市场经济发展的未预期后果。社会领域的登场，是与市场经济迅速积累起来的巨大财富相映照，通过社会问题大量增加、社会冲突愈演愈烈的方式引人关注的。即便如此，当2002年党的十六大报告把“社会更加和谐”列入全面建设小康社会的目标体系时，还鲜有人意识到一个新的发展阶段即将来临。然而中国共产党却由此出发，深刻反思经济发展为什么没有自动转化为社会安定和谐的问题，努力回答新时期实现什么样的发展、怎样发展这个重大问题，从而提出了科学发展观。科学发展观着眼于解决发展不平衡、不协调、不可持续的问题，把以人为本放到了发展的核心位置，要求做到发展为了人民、发展依靠人民、发展成果由人民共享，统筹兼顾各方面利益诉求和现代化建设的各个方面，抓住突出问题重点突破。新的理念使发展的目的回到了人和社会本身，也映照出了发展必须面对的社会短板。因此，2004年党的十六届四中全会通过的决定可谓一语惊人，明确指出“党的执政地位不是与生俱来的，也不是一劳永逸的”，而“形成全体人民各尽其能、各得其所而又和谐相处的社会，是巩固党执政的社会基础、实现党执政的历史任务的必然要求”。这次全会由此提出了“社会主义和谐社会”“社会建设”两个新概念，标志着社会建设正式成为中国特色社会主义事业的一个独立领域，中国社会发展进入了新的阶段。

理论是政策的先导。党的十六届四中全会提出了和谐社会建设的基本目标指向，设计了社会管理创新的体制框架。在目标指向上，要求适应社会的深刻变化，把和谐社会建设摆在重要位置，注重激发社会活力，促进社会公平和正义，增强全社会的法律意识和诚信意识，维护社会安定团结。在体制设计上，要求完善社会管理体系和政策法规，整合社会管理资源，建立健全党委领导、政府负责、社会协同、公众参与的社会管理格局。2006年，党的十六届六中全会专题研究构建社会主义和谐社会若干重大问题并做出决定。在这次全会上，胡锦涛同志区分了“大社会”和“小社会”的概念，指出构建社会主义和谐社会的工作思路是“既要从‘大社会’着眼，把和谐社会建设落实到包括经济建设、政治建设、文化建设、社会建设和党的建设等在内的党和国家全部工作之中；又要从‘小社会’着手，以解决人民群众最关心、最直接、最现实的利益问题为重点，着力发展社会事业、促进社会公平正义、建设和谐文化、完善社会管理、增强社会创造活力，走共同富裕道路，推动社会建设与经济建设、政治建设、文化建设协调发展”。根据这一论述，构建和谐社会的“社会”是一个包含政治、经济、文化、社会的总体性的大概念，社会建设的“社会”是一个与经济、政治、文化并列的领域性的小概念。构建和谐社会要求经济建设、政治建设、文化建设、社会建设协调发展，追求人与人、人与社会、人与自然整体和谐。推进社会建设则要专注于解决人民群众的日常生活问题，重点在于发展社会事业、促进社会公正、维护群众权益、完善社会管理。

从2002年到2012年的十年，是中国共产党的社会建设思想逐步成型的十年，也是民生优先的发展理念深入人心、社会事业快速发展的十年。在这十年间，社会保障制度实现历史性跨越。就业优先的发展战略和积极就业政策同步实施，城镇新增就业连续超过千万。2007年颁布实施了《中华人民共和国劳动合同法》《中华人民共和国就业促进法》《中华人民共和国劳动争议调解仲裁法》，对劳动者的权益保护更加重视。失业保险制度进一步完善，基本解决了过去国企改革中的下岗人员问题。2005年之后，城乡全面实现了9年制免费义务教育。医药卫生体制改革取得突破性进展，全民基本医保制度框架基本形成。医疗救助制度、最低生活保障制度已覆盖城乡。城镇住房保障体系开始建立，职工基本养老保险的个人账户进一步做实，空账问题得到解决。普惠性的新型农村养老保险制度替代了农村“五保”制度，并且覆盖了60%以上的农民。与此同时，农民工市民化开始起步，农民工权益逐渐得到与城镇职工同等程度的保护，农民工参加城镇社会保险取得重要进展，农民工子女受教育被纳入了城市公共教育体系，把农民工纳入城市社会福利、社会救助和公共服务体系也开始破题。在这十年间，以税收、转移支付、社会保障为主要手段的再分配调节制度框架初步建立。最低工资标准、个人所得税起征点、国家扶贫标准普遍实现了较大幅度的提高。2006年1月1日起全面取消农业税，中国农民结束了种田交税的历史。到 2011 年城镇居民人均可支配收入、农村居民人均纯收入均增长了 1.8 倍，人均国内生产总值超过 5000 美元，中国总体跨入了中等偏上收入国家行列。

社会建设的根本目标是建设一个制约权力、驾驭资本、遏制社会失序的主体性社会。显然，这是从某一个角度认识社会建设，任何一种主张都无法涵盖社会建设的全部实践。但是如果把这些观点进行综合，无疑有助于窥见社会建设的概貌。比照这个概貌，2002 年到 2012 年的社会建设具有四个基本特点：一是注重满足人民群众的基本需要和维护社会稳定；二是强调社会公平和基本权利保护；三是更加关注弱势群体，体现社会保障的基本功能；四是中央政府明确自身在社会建设中的责任主体地位，加大了对社会建设的投入，提高了地区之间财政转移支付的水平。

针对社会建设依然存在的问题，2012 年党的十八大报告从理论上和政策上对过去十年间党的社会建设探索成果作了系统总结，在全面建成小康社会的基本要求中大大突出了社会建设的分量，明确要求必须坚持维护社会公平正义、必须坚持走共同富裕道路、必须坚持促进社会和谐。关于社会建设的工作部署，党的十八大报告明确提出，加强社会建设必须从维护最广大人民根本利益的高度，以保障和改善民生为重点，加快推进社会体制改革，“加快形成党委领导、政府负责、社会协同、公众参与、法治保障的社会管理体制，加快形成政府主导、覆盖城乡、可持续的基本公共服务体系，加快形成政社分开、权责明确、依法自治的现代社会组织体制，加快形成源头治理、动态管理、应急处置相结合的社会管理机制”。由此，首次明确并统一了社会建设的价值理念、工作重点和体制框架。在这样的新起点上，宣示把人民对美好生活的向往作为奋斗目标，引领中国社会建设进入新时代。

习近平总书记对新时代我国“为什么要推进社会建设、怎样推进社会建设”作了一系列重要论述，为推进社会建设的发展指明了方向。通过对学界相关研究成果的总结和归纳，新时代的社会建设主要是从以下四个方面进行的。

1. 发展社会事业，改善人民生活

民生是关系到人民群众饮食起居、安危冷暖、教育就业以及生老病死等基本生存和发展条件的问题。国家和政府必须保障老百姓的基本生存需要。党的十八大以来，我国坚持在发展中保障和改善民生，从人民群众的日常生活入手，发展各项社会事业，改善人民的生活水平。

第一，推进教育现代化建设。百年大计，教育为本。党的十八大以来，我国始终把教育放在首位，稳步加大教育投入，完善公共教育服务制度，促进教育均等化。高度重视发展职业技术教育，创新职业教育模式，促进产业和教育相结合、学校与企业相合作，探索具有中国特色的学徒制度。完善教育体系，增加普惠性学前教育资源，积极推进中小学素质教育，提高高等教育质量，优化高等教育结构，促进学生的全面发展。积极推进教师队伍建设，制定教育人才激励政策，提高教师待遇，吸引更多优秀的人才加入教育行业，全方位地提升教育水平。

第二，实施健康中国战略。身心健康是实现人全面发展的自然条件和物质基础，人民群众的健康是社会发展的必要条件。健康中国战略的实施，是把人民群众的身体健康纳入国家整体发展战略统筹推进。党的十八大以来，我国通过进一步推进医药卫生体制改革，积极探索建立具有中国特色的医疗服务、医疗保障、医疗救助、药品供应制度体系，努力解决群众看病难、看病贵的问题。坚持中医西医并重，继承和发展中医药事业。巩固当前疫情防控成果，总结疫情防控经验，完善重大传染病防控制度。加强基层的医疗卫生体系建设，壮大基层的医师队伍，促进医疗卫生资源下沉到最基层，为人民提供全面的、涵盖整个生命周期的各种健康服务。积极开展爱国卫生运动，整治城乡卫生环境、加强污染治理、大力度实施垃圾分类、改造公共厕所。从个人习惯、思想观念等多个方面引导群众健康生活。

第三，健全养老服务体系。中国人口老龄化程度不断加深，截至2022年底，我国60岁以上老年人口约2.8亿。“十四五”时期，我国将进入中度老龄化社会。养老是新时代我国社会建设必须面对和接受的问题。党的十八大以来，我国始终积极应对老龄化问题。不断营造孝老、敬老的社会环境，健全养老政策体系，支持和引导家庭和社会适应和应对老龄化。健全统筹城乡、可持续的基本养老保险制度，推进医养结合。坚持全面放开老年人服务市场，减少制度性准入限制，引导社会资本积极参与老年服务业发展，构建家庭、社区、机构相协调的老年人服务体系，拓展老年人服务新模式，培育养老新业态，促进老龄事业和产业协调发展，将普惠养老服务与互助性养老服务相结合，协助家庭养老，多措并举完善养老服务。

2. 协调社会利益，促进共同富裕

如果不能保障人民的基本权益和利益，营造公平合理的社会环境，那么社会的发展就难以为继。党的十八大以来，我国十分注重协调和整合社会利益关系，注重发展成果的共享和社会的公平正义。

第一，实施脱贫攻坚工程。实现共同富裕最难攻克的任务还是在农村，特别是贫困的农村。自党的十八大以来，习近平总书记亲自部署，指导了全国的脱贫攻坚工作，明确了2020年脱贫的奋斗目标。加大组织力度，确立了中央统筹规划、省全面负责、市县全面落实的工作机制。坚持大扶贫格局，动员全党、全国、全社会力量。加大扶贫投入支持力度，加大各方帮扶力度，把扶贫与扶志、扶智相结合，通过特色产业扶持、人口转移就业、易地搬迁、加强教育支付、开展医疗救助、社会保障兜底等措施确保脱贫。坚决打赢脱贫攻坚战，有利于提高低收入群体收入，促使社会资源向基层下沉，是促进城乡之间、区域之间协调发展，促进社会公平正义和共同富裕的重大战略举措。

第二，完善社会保障体系，扶持弱势群体。我国大部分民众的生活水平有了显著提高，但还有许多处于生存和发展困境的群体，在物质和精神上都需要我们的帮扶。党的十八大以来，我国坚持守住民生底线，从最迫切最突出的民生问题着手，强调要建成覆盖全体人民的、可持续的、多层次的社会保障体系。政府兜底提供基本保障，市场化满足多层次需求，协调不同社会阶层、不同群体的社会保障需求。不断完善帮扶特殊和弱势群体的社会救助、优待及安置制度。发展残疾人事业，加强残疾人康复服务。做好退役军人服务保障工作。统筹城乡社会保障体系，缩小城乡福利差距。社会救助体系分层、分级、分类，不断提高救助对象认定的准确性，确保精准救助。不断规范和完善救助保障管理制度，力求应保尽保。

第三，改革收入分配制度，增加全体人民收入。我国从国情出发，制定了以按劳分配为主，多种分配方式并存的分配制度，一定程度上保证了公平和效率的统一。但是由于种种原因，我国的收入分配还是存在一些问题。党的十八大以来，我国不断深入收入分配制度改革。不断完善促进收入分配公平的体制机制，确保民众的收入同社会劳动生产率及经济增长同步提高。调整收入分配政策，扩大知识价值分配比重，促进智力劳动回报合理。不断调整收入分配格局，规范收入分配秩序，处理政府、企业和居民的分配关系，增加城乡居民收入。

第四，促进基本公共服务均等化。基本公共服务均等化最主要的就是“均等化”的概念，国内学者普遍认为“均等”是相对的，基本公共服务“均等化”有“机会均等”“权利均等”“底线均等”“结果均等”等内涵。“十三五”规划认为基本公共服务均等化是指“全体公民都能公平可及地获得大致均等的基本公共服务，其核心是促进机会均等，重点是保障人民群众得到基本公共服务的机会，而不是简单的平均化”，即基本公共服务供给设施设备等可量化的“硬件”的“产出”人人均等。公平正义又是社会主义社会的本质要求。党的十八大以来，我国高度重视社会基本公共服务，强调丰富有效供给和服务均等化。一方面，通过优化政府提供公共服务的方式，丰富和增加社会公共服务的类别和数量；另一方面，通过加强基层公共服务体系建设，推动城乡基本公共服务一体化、均等化。完善城乡基层社区组织的公共服务设施，提升基层公共服务机构的服务能力。完善促进基本公共服务均等化的公共财政体系，加大对公共服务的支持力度。提高农村基本公共服务的标准和水平，实现从无到有、从有到好的转变。有序推进农村转移人口公平享受当地的基本公共服务，促进城镇基本公共服务覆盖全部常住人口等。

3. 创新社会治理，激发社会活力

党的十八大以来，我国对于社会治理的创新，最先体现在对社会治理的全面认识上。党的十八届三中全会将“社会管理”转变为“社会治理”标志着党对社会发展和社会建设规律的认识和把握有了一个新飞跃，体现了社会建设从自发走向自觉、从管制走向服务、从被动应付转向主动应对的根本转变，具有里程碑式的重大意义，还体现在以下四个方面。

第一，创新社会治理体制。党委领导，即坚持党在社会治理过程中的领导核心作用。政府负责，强调政府即社会治理的责任主体。民主协商，即发挥各民主党派在社会治理过程中的建言献策的作用。社会协同，强调的是社会治理过程中的社会力量即各类社会组织的参与和协同。公众参与，强调的是提高人民群众参与社会建设的意识和能力，拓宽群众参与社会建设的渠道，充分发挥人民群众的社会建设主体作用。法治保障，强调的是完善多元主体协同共治的法律法规及社会治理过程中的法治精神。科技支撑，强调的是在社会治理过程中要利用新一代信息技术，提升治理的智能化水平和精准度。通过创新社会治理体制，提高多元社会主体的社会参与度，最大限度地激发社会活力。

第二，创新社会治理方式。把专项治理和系统治理、综合治理、依法治理、源头治理结合起来。开展专项治理主要针对社会矛盾较为突出的个别领域或事务。党的十八大以来，我国开展了多项专项治理活动，如扫黑除恶专项行动、“净网2021”等。系统治理强调的是谁领导、谁主导以及不同社会治理主体之间的互动关系问题。综合治理强调的是治理过程、治理手段的统一协调和统筹规划。依法治理强调的是社会治理的法律依据和法律手段。源头治理强调的是对社会矛盾发生的源头进行防治，一方面要梳理矛盾的源头防患于未然，另一方面矛盾发生要就地解决。五种治理方式相辅相成、相互配合能够达到治理效果最优。

第三，提高社会治理现代化水平。党的十九大报告提出要提高社会治理社会化、法治化、智能化、专业化水平。社会治理的社会化强调的是多元社会主体的共同参与。社会治理的法治化强调的是要把法治思维融入社会治理的全过程，完善社会治理的法律法规。社会治理的智能化强调的是运用信息技术为社会治理赋能，提高社会治理效能。社会治理的专业化强调的是培育具有专业精神、专业能力的社会工作者。社会化、法治化、智能化和专业化，这四个方面脉脉相通、相辅相成，是实现社会治理现代化的必然条件，也是新时代我国加强社会治理的方向指南。

第四，重视基层社会。只有地基打得好，建筑才能更高更牢固。基层治理是国家治理的基石，是保障民生、维护社会稳定和国家安全的基础性工程。党的十八大以来，我国十分重视基层治理，强调要把社会治理、服务、资源和人才地向基层下沉，提高治理的精准化和精细化。强调基层社会治理要在党组织的引领下，把自治、法治、德治“三治结合”，加强基层干部队伍的法治教育，提高基层的服务意识和服务能力。转变传统的管理思维方式，充分发挥城乡社区、家庭、社会组织的作用，提高基层治理的有效性，夯实国家治理的基础。

4.规范社会行为，维护社会安全

第一，健全社会矛盾综合治理机制。通过创新社会矛盾的预防和化解机制、利益关系协调机制、风险评估机制、群众权益保障机制、改革信访工作制度，从多种途径入手，全方位防范和化解社会矛盾。大力发扬新时代的“枫桥经验”，加强调解机构之间的协作，最大限度地将矛盾化解在基层。通过加强社会心理服务体系建设，以基层单位为基点，设立心理健康服务场所，早发现、早疏导民众的不良情绪和心理危机。通过广泛宣传普及个人心理健康知识，倡导健康的生活方式，预防心理问题的产生。规范和监管专业的心理服务机构，进行心理疏导和危机干预，为人民提供客观、系统、有效的社会心理服务，通过化解社会矛盾、疏导人们的心理危机等方式理顺人们的情绪，培养人们良好的社会心态，预防极端思想和极端行为的出现。

第二，健全公共安全体系。公共安全是社会稳定的重要性因素，是国家安全的重要基石，是人民安心生活的坚强后盾。要求健全安全生产责任保障和监督制度，建立安全隐患调查和防控体系。在应急管理方面，要求构建统一、灵活、上下协作的应急管理体制，提高国家应急管理能力以及预防、减轻、救助灾难的能力。加大食品药品安全监督和管理力度，改进监管体制，保障人民的身体健康。

第三，完善社会治安防控体系。党的十八大以来，我国十分重视社会治安防控体系建设，从纯粹的“立体化”到与“信息化”相结合，再到党的十九届四中全会确定了新时代社会治安防控体系的整体方向。完善社会治安防控体系的基础是发动群众的力量，让专业的工作人员与普通群众建立一定的合作关系，化民力为警力。重点是提升治安防控的现代化水平，建立问题联合治理、工作协调互动、平安联合共创的工作机制，提高抗击风险的能力。最终加强治安联防联控的整体性、协同性和精准性。

总而言之，新时代加强社会建设的内容主要包括发展各项社会事业持续改善民生、协调社会利益关系促进共同富裕、创新社会治理激发社会活力、规范社会行为维护社会安全等，从制度、机制、政策等多个方面入手，确保人民安居乐业，社会安全与稳定。

二、社会发展取得的成就

发展是当今世界的最大主题，但发展作为一种正向的社会变迁，人类对其内涵的理解、对其衡量标准的认识都是不断充实和丰富的。第二次世界大战之后，首先在全球流行起来的是经济增长战略，这种战略把发展看作一种经济现象，认为国民生产总值的提高会自动改善人民生活以及其他各项社会目标，但是实践证明单靠经济增长并不能带来社会的全面进步。随着分配不公、社会动荡、环境污染等众多问题在实践中不断暴露，各种新的替代战略开始出现。1976年，国际劳工组织提出了“基本需求战略”，认为发展的主要目标是满足人民的基本需求，提出把基本必需品消费量、收入水平和分配均等度、识字率、健康水平、就业情况作为衡量发展程度的五个主要指标。其后，法国有学者提出了新发展观和以人为中心的社会指标体系，主张发展的目的是满足社会和人的需要，应当追求“整体的”“综合的”和“内生的”发展，而个人的发展和自由正是“所有发展形式的主要动力之一”，确立了人在发展中的价值核心地位，要求公平分配发展成果、全面回应人的需求，实现经济、政治、社会、文化、教育等各领域的综合协调发展。1987年，联合国环境与发展委员会发表报告《我们共同的未来》，推动形成了可持续发展战略。可持续发展战略突出发展的优先性，认为只有发展才能提供解决所有社会问题的先决条件，但同时要求把发展的公平性推及子孙后代，强调发展应当坚持人与自然和谐共生，当代人不能为了满足自己的需要而剥夺后代人赖以生存发展的生态环境。

在中国，关于发展理念的探索也经历了一个不断深化和完善的过程。1949年中华人民共和国成立之初，百废待兴，重建国民经济体系、恢复生产和生活自然是当务之急。随着国民经济调整基本完成，1954年召开的第一届全国人民代表大会首次提出了“四个现代化”的发展目标，后来逐渐定型为工业现代化、农业现代化、国防现代化和科学技术现代化，这“四个现代化”显然是经济发展优先的。1978年党的十一届三中全会要求国家工作重心转移到社会主义现代化建设上来，被称为改革开放总设计师的邓小平认为“社会主义首先要发展生产力”，发展是“中国解决所有问题的关键”、“发展才是硬道理”。

在这一时期的发展实践中，经济增长实际上成为核心追求。为了应对市场化改革进程中日益凸显的收入差距不断拉大、社会矛盾多样多发等问题，江泽民在2000年提出“三个代表”重要思想，实质上把发展视野拓宽到了经济、文化与社会三大领域。2003年，胡锦涛提出科学发展观，党的十七大报告将其核心内容表述为“科学发展观，第一要义是发展，核心是以人为本，基本要求是全面协调可持续，根本方法是统筹兼顾”，强调“发展为了人民、发展依靠人民、发展成果由人民共享”。2012年党的十八大以来，习近平总书记进一步强调坚持以人民为中心的发展思想，明确提出了包括创新、协调、绿色、开放、共享五大要素在内的新发展理念。新发展理念集中体现了中国在发展观念上的探索成果，完整阐释了中国在新时代的发展思路、发展方向和发展着力点，中国特色社会主义事业由此确立了包括经济建设、政治建设、文化建设、社会建设、生态文明建设在内的“五位一体”总体布局。2022 年党的二十大报告的主题是“高举中国特色社会主义伟大旗帜，全面贯彻习近平新时代中国特色社会主义思想，弘扬伟大建党精神，自信自强、守正创新，踔厉奋发、勇毅前行，为全面建设社会主义现代化国家、全面推进中华民族伟大复兴而团结奋斗”。充分体现了新时代新征程新阶段的新要求，深刻反映了习近平新时代中国特色社会主义的新发展。

中国的发展观念自然是基于中国自身曲折实践的经验和反思，但也明显与世界发展的潮流相共振。时至今日，国内外对发展的理解都臻于完善，为我们客观衡量中国社会发展成就提供了共识性的维度，包括人的地位与生活品质、资源协调与分配状况、社会结构与秩序组织、相关的制度安排等。

一个值得重视的现象是，在同样的潮流、相似的观念下，许多“二战”之后民族独立的发展中国家在现代化的路途上进展并不顺利，经济发展缓慢，社会生活的现代化程度甚低，时常发生动荡，而中国却在同一时期取得了举世瞩目的成就。或许在这样的比较下，我们更能够既从历时性上又从共时性上全面体会中国社会发展成就的辉煌。

（一）人民生活从普遍贫困到全面小康

进入 21 世纪以来，中国共产党带领中国人民以全面建设小康社会为目标，不断推进科学发展，拓展经济社会发展的空间，在各方面都取得了令人满意的成绩。

第一，经济飞速发展，国际地位不断提高。全面建设小康社会以来，我国经济飞速发展，在 2008 年金融危机的严重冲击下仍有效应对，保持经济平稳较快地发展。其间，我国以信息化带动工业化走出了一条充分发挥科学技术作为第一生产力的新型工业化道路，逐渐改善第一、第二、第三产业的产业结构，大力发展第三产业。同时，2009 年中国的货物贸易出口跃居世界首位，2010 年我国经济总量更是实现了从第六位向第二位的跃升，成为全球制造业第一大国。从 2008

年世界金融危机全面爆发后一直到 2012 年，中国对全球的经济增量贡献率接近 40%，成为拉动世界经济增长的主要动力之一，国际地位显著提升。综合经济实力也提升迅速。2015—2020 年 6 年间，我国经济不断发展，国内生产总值先后超过 90 万亿元和 100 万亿元大关，2015 年国内生产总值达 919281 亿元，环比增长率达到 10.5%，2020 年首次突破 100 万亿元。2015 年财政总收入为 152269 亿元，2020 年财政总收入为 182893 亿元，年平均增长率达到 37.3%。我国经济总量由 2012 年的 53.9 万亿元上升到 2021 年的 114.4 万亿元，占世界经济比重从 11.3% 上升到超过 18%，人均国内生产总值从 6300 美元上升到超过 1.2 万美元。截至 2022 年，中国国内生产总值达 121 万亿元，这是继 2020 年、2021 年连续突破 100 万亿元、110 万亿元之后，再跃新台阶。

第二，人民生活水平明显提高。一是城乡居民可支配收入和消费支出不断提高。城镇居民用于家庭日常开支的人均可支配收入增幅巨大，2001—2012 年从 6860 元增加到 24565 元。居民收入基本与经济社会发展水平保持同步。2019 年，城镇居民的人均可支配收入为 30733 元，率先跨过了 3 万元关口。2020 年全年全国居民人均可支配收入为 32189 元，比上年增长 4.7%，扣除价格因素，实际增长 2.1%，快于人均国内生产总值增速，农村居民收入较快增长。2022 年，全国居民人均可支配收入为 36883 元，比上年名义增长 5.0%，扣除价格因素，实际增长 2.9%。分城乡看，城镇居民人均可支配收入为 49283 元，增长 3.9%，扣除价格因素，实际增长 1.9%；农村居民人均可支配收入为 20133 元，增长 6.3%，扣除价格因素，实际增长 4.2%。二是随着科学技术的发展，移动电话、电脑、数码相机等高科技产品开始大量进入人们的日常生活，用户量迅速增长；在高铁、高速公路迅速发展和百姓汽车拥有量增加的状况下，人们的出行方式改变，出行更加方便快捷，由此旅游休闲成了新的消费增长点。三是教育规模逐步扩大，高学历人员占比稳步上升。2015 年，九年义务教育入学率为 93.0%，高级中学毛入学率为 87.0%；2020 年，九年义务教育入学率为 95.2%，高级中学毛入学率为 91.2%。受教育群体比重逐年上升。2022 年是党和国家历史上极为重要的一年。党的二十大将教育作为全面建设社会主义现代化国家的基础性、战略性支撑进行系统谋划，极具战略意义和深远影响。全国共有各级各类学校 51.85 万所，各级各类学历教育在校生 2.93 亿人，专任教师 1880.36 万人。

第三，我国文化设施发展取得显著成就。2015年，全国现有公共图书馆3136个，现有文化馆3315个，拥有有线电视的家庭有2.39亿户。2020年末，全国公共图书馆数量较2015年增加了67个，文化馆数量较2015年新添12个，广播节目综合人口覆盖率到达99.4%，电视节目综合人口覆盖率达到99.6%，各项文化指标均有提升。文明城市建设取得巨大进步。据2015年的第四次全省文明城市公示结果，有6个省会城市和22个地级市上榜，有1159个村镇评选为文明村。2020年第六届全国文明城市入选城市名单有133个城市上榜。随着我国公共文化服务体系不断完善，人民群众的精神文化生活日益丰富充实。国家统计局公布的数据显示，截至2022年底，全国共有公共图书馆3303个，总流通72375万人次；文化馆3503个。从数量规模上可见，国家文明城市的建设在飞速发展与变化。

第四，改革开放取得重大进展。一方面，我国加快转变政府职能、积极推行公有制的多种实现形式、实施农业生产资料综合补贴、基本建成全面的疾病预防控制体系与突发公共卫生事件医疗救治体系等举措取得了一定成就，表明我国在行政体制改革、国有企业改革、农村综合改革和教育文化卫生改革等方面取得了重大进展。另一方面，我国利用“两个市场、两种资源”，以开放促发展，开创了新局面。外贸方式转型升级、进出口结构持续优化、外资利用质量提高体现了我国改革开放不仅有“量”更有“质”。此外，在建立涉外经济法规体系方面也取得了重要进展。

第五，改善民生建设成效显著。抗击“非典”、新型冠状病毒以及对汶川、玉树、舟曲进行灾后重建，《城市流浪乞讨人员收容遣送办法》废止，尊重保障人权入宪，农业税取消，物权法出台，青藏铁路通向雪域高原，同时在全国城镇范围内，包括养老、医疗、失业、工伤和生育保险在内的社会保险制度已基本建立，最低生活保障制度也全面实施，零就业家庭的就业援助工作正全力推进。此外，还相继建成一批跨江跨海大桥和连岛工程，顺利推进西气东输、西电东送和南水北调工程，使人民群众得到更多实惠。

此外，在全面建成小康社会阶段，我国的民主法治建设迈出了新步伐，文化建设迈上了新台阶，外交工作有了新成就，国防和军队建设更是开创了新局面。

（二）社会事业从相对滞后到全面繁荣

社会事业发展是提升人民生活品质和基本素质的直接条件。新中国成立初期，中国人口素质较差，全国 80% 以上人口是文盲，学龄儿童入学率只有 20% 左右。针对中国社会保障尚属空白的现实，国家从 20 世纪 50 年代开始逐渐建立主要由单位供给的城镇职工福利保障，在农村则由集体对农民实施少量保障。进入 21 世纪以来，面向全体居民的现代社会保障体系逐渐形成，待遇水平稳步提升。到 2018 年，最低生活保障、医疗保险基本实现全民覆盖，基本养老保险已覆盖超过 9 亿人，普惠性、兜底性的人民基本生活托底保障机制已全面建成。为提升人民文化素质，国家高度重视发展教育事业，1978 年基本普及了小学教育，之后稳步建构了包括义务教育、高等教育、职业教育、特殊教育在内的完整教育体系。2018 年，全国九年义务教育巩固率达 94.2%，高等教育毛入学率已达到 48.1%，总体教育水平跃居世界中上行列，既有效提升了全民族的科技文化素质，也为现代化建设培养了大量人才资源。国家努力建立健全公共卫生服务体系，2018 年全国共有医疗卫生机构 99.7 万个，卫生技术人员 952 万人，分别比 1949 年增长 271 倍、17.8 倍。如今，中国居民的预期寿命由新中国成立初期的 35 岁提高到 2018 年的 77 岁，婴儿死亡率由新中国成立初期的 200‰下降到 2018 年的 6.1‰，居民健康水平总体上优于中高收入国家平均水平。此外，覆盖城乡的公共文化服务体系逐步建立，全国现有公共图书馆数量比 1949 年增长 56.7 倍，人均体育场地面积达到 1.6 平方米以上。环境保护从无到有，污染防治攻坚战已全面打响，改善环境质量的努力取得了突出成效。2022 年是社会工作事业发展的关键一年，全国各地在加强社会工作队伍建设方面取得了显著成效，促进了社会和谐稳定，也为未来的社会工作发展打下了坚实基础。2022 年末全国就业人员 73351 万人，其中城镇就业人员 45931 万人，占全国就业人员比重 62.6%。全国就业人员中，第一产业就业人员占 24.1%，第二产业就业人员占 28.8%，第三产业就业人员占 47.1%。

（三）社会结构从简单固化到开放包容

社会结构涉及社会秩序的基本形态，社会结构的现代性往往通过阶层结构的均衡与协调、个体的社会流动方式、个人选择其社会地位的权利与能力展示出来。中国共产党领导的社会革命，是在推翻帝国主义、封建主义和官僚资本主义这“三座大山”的基础上，消灭剥削和压迫，让广大劳动者翻身做主人。中国特色社会主义制度的建立，让个人作为独立的个体从宗法制度和阶级压迫中解放了出来，拥有了平等的权利。但是在当时简单的平等观念下，社会结构被逐渐简化为工人阶级、农民阶级、知识分子这“两阶级一阶层”，社会活力明显不足。社会活力的重新焕发是通过改革开放实现的。市场化改革和政策放宽破除了社会流动障碍，工业化、城市化以及社会分工的细化为个人的社会流动提供了充裕的机会。20 世纪 80 年代以来，中国发生了人类有史以来最大规模的人口流动，1990—2014 年流动人口数量增加了 2.3 亿人，平均每年增加近 1000 万人。2015—2022 年全国流动人口总数是 18 亿左右，与之相伴的是人口城市化进程的加速推进。全国常住人口城镇化率在 1949 年只有 10.64%，1978 年增加到 17.9%，到 2018 年快速增长到了 59.5%，到 2022 年年末全国常住人口城镇化率为 65.22%；现在，社会的阶层结构已变得高度复杂，新职业、新群体、新阶层不断出现，规模庞大的中等收入群体日渐崛起，社会生活的丰富多彩为个人赋予了更大的自主选择空间。社会秩序在流动和竞争中磨合，城乡差别、区域差别不断缩小，不同阶层之间的收入差距虽然一度快速拉大，但趋势已经得到扭转。

（四）社会治理从行政一元到多主体协同

中国社会迈向现代化的步伐如此迅速，转型变革如此剧烈，却又能有序推进并且总体和谐，本身就意味着高效的治理体系和高超的治理能力。然而，当全世界都在感叹中国的国家治理能力时，他们或许并未意识到，中国的治理体系和治理方式实际上不是一成不变的，而是在现代化的征途上不断前进的。在计划经济时期，社会结构简单，社会流动阻滞，社会分化缓慢，而公有制经济一统天下，国家通过掌握最终的资源分配权，具有足够的权力和能力对社会实施管理、组织和动员，由此形成了“全能政府”“全能国家”。改革开放之后，国家还权于社会、放权于市场，社会发展的活力、社会分化的加速和全球化因素的嵌入都加大了社会治理的难度，而随着政府职能的转变，国家已无法独自解决公共服务严重短缺的问题。为应对这种复杂变局，国家大力推动社会治理创新，不断加强社区、社会组织、社会工作者队伍和基层党组织建设，推进协商民主广泛多层制度化发展，初步构建了“党委领导、政府负责、民主协商、社会协同、公众参与、法治保障、科技支撑”的共建共治共享社会治理新体制，基本保障了社会领域“求变”与“求稳”的平衡。根据党中央关于推进国家治理体系和治理能力现代化的总体部署，这一新型社会治理体制将继续朝着社会化、法治化、智能化、专业化的方向不断推进。

第二节　社会治理的基本历程

一、社会治理的基本历程概述

自 1949 年新中国成立以来，中国共产党和中国政府就一直高度重视社会治理创新，特别是从 1978 年改革开放以后，党和政府在社会治理创新方面加大了力度。经过新中国成立以来 70 多年的不懈实践与探索，中国在社会治理创新方面取得了诸多成就，也积累了丰富的经验。从社会治理总的格局来看，中国社会治理创新经历了政府“一元”管控，政府与市场“二元”管理，政府和市场、社会“多元”协同治理三大阶段。与社会治理总格局不断创新相伴随的是社会治理战略的不断完善，从社会管理战略初见端倪到社会管理战略的形成，以致最终到社会治理战略，每一步都凝聚着中国共产党和中国政府对中国实践探索的心血。对于迈向高收入阶段的中国社会治理创新来说，对这些经历进行系统的回顾与总结，梳理出其中规律性的东西并上升到理论高度，是极为重要的一件事。

一个国家的历史传统、文化、政治体制以及社会发展阶段等因素对其社会治理格局的形成具有重大影响。新中国成立以后的几次政治、经济体制的变革也在相应地推动着中国社会治理格局进行适应性变革，并逐渐演进和发展。中国社会治理格局的演进可以从不同角度进行总结和阐释，这对于社会治理实践的进一步发展和拓展具有重要意义。基于中国特色社会主义实际，以马克思主义社会治理思想为指导，从阐释政府、市场、社会三者之间关系的角度出发，分析、总结新中国成立后社会治理格局的发展阶段与特点。总的来说，新中国成立后，随着经济社会的发展，不同历史时期的政府、市场和社会三者之间的关系是不同的，由此衍生出政府“一元”社会管控格局，政府与市场“二元”社会管理格局，政府和市场、社会“多元”协同社会治理格局。

（一）政府“一元”社会管控格局

中国延续上千年的封建社会治理模式基本可以用一个倒“T”字形的纵横坐标结构来形容，纵坐标是从皇帝到郡县长官自上而下的高度集权官僚管理系统，而横坐标则是遍布全国各地的以乡绅、宗族势力为代表的宗法社会治理系统。这两套系统相互交织，形成了对全国百姓严密的管控。然而随着最后一个封建王朝——清朝的衰败和西方国家的入侵，中国沦为半殖民地半封建社会，原有的社会秩序遭到严重破坏。新中国成立后，结束了中国持续一百多年的半殖民地半封建社会形态，原有的社会治理秩序被彻底改变。新中国在中国共产党领导下，结合中国当时的现状，相当程度地吸收了苏联的社会治理模式的成功之处，建立了自己的社会治理模式，从而迅速结束了社会混乱无序的局面，基本上实现了中国社会由乱到治的彻底改变。新中国成立后的社会治理，在纵向上，建立了中央、省、市、县、乡五级政权体系，相较于传统封建社会政权只到县，进一步扩展了治理深度。在横向上，城市里广泛推行单位制，将城市里的民众基本纳入单位管理；农村里实行人民公社制度，农民和农村事务基本纳入其中进行管理。特别是横向的社会治理，基本上实现了对社会民众的全覆盖。具体来说，城市里推行的单位制分为工作单位管理和街道、居委会管理两种。在工作单位里工作的人员被称为“单位人”，他们一般都具有正式编制，生病、住房、养老、子女教育甚至子女工作等方方面面都由单位帮助解决，可以说是单位代替国家实现了对“单位人”的全过程管理。没有在单位里工作的少量城市人员则由街道、居委会进行户口、治安等方面的管理，一般是居委会直接管理，而居委会接受街道的指导与管理。农村里则实行人民公社制度，所有的农牧民都归属于不同的农民公社，大家的生产资料全部公有，一起劳动、参加娱乐活动、一起吃饭等，可以说基本没有私人的生产生活。应该说，当时的中国，政府成为社会唯一的治理主体，对社会呈现全面管控的状态，现代意义上的“市场”“社会”基本没有发育，这两个名词在人们的生活中还是非常稀有的。

总而言之，从当时中国的社会实际来看，政府“一元”社会管控的社会治理模式还是非常契合现实并有效的，社会被置于单位和人民公社两个类别组织的管理中，对应对新中国成立初期的种种社会危机、巩固国家政权和保障人民的经济生活起到了非常重要的保障作用。

这一时期进行的一系列运动巩固了新生的人民政权，顺利完成了从新民主主义到社会主义的过渡，具有重要的历史意义。土地改革的完成彻底推翻了我国存在两千多年的封建土地所有制，消灭了地主阶级。社会主义三大改造的基本完成标志着我国实现了生产资料私有制到社会主义公有制的转变，社会主义制度基本确立，正式迈入了社会主义初级阶段。“三反五反”运动极大地保护了中国社会免遭资产阶级的侵蚀，在全社会形成了清正廉洁的风气，保障了社会经济的平稳发展。在此期间，我国开始实施第一个五年计划，国民收入年增长率达 8.9% 以上，切实提升了人民的生活质量和生活水平。与此同时，我国建立起了比较完整的工业体系，逐步向现代化工业国家转变。

（二）政府与市场“二元”社会管理格局

新中国成立后到改革开放前，中国社会经过近 30 年的调整，从一片混乱到井然有序。不过随着社会的发展，人们也逐渐认识到“一元”社会管控格局的弊端，特别是其中一些因素严重影响了经济社会发展和人民生活的进一步改善，导致人们呼唤改革的意愿越来越强烈。

具体来说，这些弊端体现在以下三个方面：第一，长期单一计划经济体制制约了经济的进一步发展。在单一的高度集中的计划经济体制下，企业没有生产自主权，不能按照实际情况，只能按照国家计划指令进行生产；人民群众也没有自身的利益，既不能自己从事生产性活动，也不能根据自己的意愿与需求进行消费，社会主体失去了发展经济的积极性，经济也失去了进一步发展壮大的动力。第二，单位制和人民公社制制约了社会的发展与进步。现代社会的发展与进步，需要人口的合理流动，从而激发社会整体活力。但在政府“一元”社会管控格局下，城市人口被限制在单位中，农村人口被限制在人民公社里，基本难以流动，也无法孕育出具有活力的民间组织，客观上制约了人民推动社会发展进步的积极性，从而无形中导致社会发展迟缓。第三，社会诸多要素无法流动制约了社会创新。政府“一元”社会管控格局保证了社会稳定和安定有序，但这只是社会发展的最基本标准。一个社会要发展进步，必须进行创新。而社会创新的首要条件就是社会中的各要素能流动起来，能根据需要相互发生作用，这些在政府“一元”管控模式下都无法实现。因此，人们开始思考进行社会管理模式创新与变革。也正是在这一时期，中国政府开始实施农村家庭联产承包责任制、单位制改革等，旨在尽可能释放人民群众的活力，以促进经济社会发展。具体来说，这一时期的创新与变革分为以下两个阶段。

1. 政府与市场关系调整阶段

20 世纪 70 年代，如何让全国老百姓吃饱饭成了摆在中国政府面前的头等大事。而 1978 年安徽小岗村 18 户农民做出的“分田单干，包产到户”的决定成为农村市场化改革的导火索。经过几年的实践与探索，1982 年中国共产党历史上第一个关于农村工作的中央一号文件正式确立在农村施行家庭联产承包责任制，极大地激发了农民的生产积极性，在解决农民吃饭问题的同时，也给中国社会带来了久违的发展激情与活力。农村改革的成功，也促使党和政府考虑实行有计划的商品经济，并在社会上形成了大讨论的氛围，中国要发展社会主义市场经济逐渐成为社会主流声音。在农村改革的同时，城市主要聚焦于基层社会治理改革，修订了《居民委员会组织条例》，居民委员会在城市市区和城镇全面推行。这一时期总的来说是政府与市场关系调整时期，着眼现实，将解决社会活力不足问题作为中央工作的头等大事。另外，社会管理也逐渐由原来的单一政府管理，向农民自我管理和城市居民自治转变。

2.“政府 - 市场”社会管理格局形成阶段

市场经济的发展并非一帆风顺，在其发展过程中出现了种种问题，这其实是改革开放不断深入而导致的必然现象，只要想办法加以解决即可。但有些人却对市场经济的发展提出了不同看法，主张消除市场经济，重回计划经济的老路。由此，社会上展开了市场与计划的争论，两种观点交锋得非常厉害。对此状况，1992 年邓小平在南方谈话时给出了答案。邓小平认为，计划多一点还是市场多一点，不是社会主义与资本主义的本质区别。计划经济不等于社会主义，资本主义也有计划；市场经济不等于资本主义，社会主义也有市场。计划和市场都是经济手段。邓小平的这一著名论断彻底将经济发展模式抛出了社会基本制度争论的范畴，给全社会经济发展带来了思想大解放，从此，中国特色社会主义市场经济建设时期走向了历史舞台。这一时期中国特色社会主义市场经济建设的主战场是城市，政府工作的重心基本上都是围绕经济建设这一目标进行的，政府在政策上给予了大力支持，出台了大量与解放发展生产力相关的具体制度措施，极大地推动了生产力的飞速发展，也激发了社会活力的释放。大力推进国有企业改革，精简企业富余人员；鼓励公务员停薪留职下海创业；允许农民离开农村进城打工，出现了“农民工”群体；住房、医疗、教育、养老等诸多领域开始启动市场化与社会化改革；基层社区制在全国普遍建立，有效提高了基层管理效率；农村基层民主建设稳步推进，农村社会管理参与度显著提高。整个社会呈现出一片生机勃勃的景象，人民群众的想象力和创造力得到极大激发，有力促进了我国经济的高速增长。随着我国经济的高速增长和市场经济的不断发展，整个国家和社会的流动性也显著增强，为市场经济和社会发展服务的各类社会组织如雨后春笋般涌现。

社会领域的发展相对于经济发展还是偏弱，这与党和国家的重视程度有一定的关系。从 1992 年到 2002 年党的历次重要会议中，除党的十四届二中全会、三中全会提到要强化政府社会管理职能外，其他历次党的重要会议均没有专门涉及社会管理问题。总的来说，从 1978 年到 2002 年这 20 多年间，在社会中起作用的社会主体主要是政府与市场，社会本身发展较弱，公民个体在社会中也主要受政府与市场的制约。正是因为政府与市场这两种力量的强势发展，社会自身发展的相对缺位，出现了大量社会治理方面的问题，甚至导致了一系列群体性事件的发生。

在这一历史时期，社会治理仍然以国家为主导，社会处于消极被动的地位，政府采取了有限放活的社会治理政策。改革开放后，随着市场经济等多元经济成分融入社会经济发展的进程，城乡的二元结构被逐渐打破，人口的流动性大大增强，新的社会阶层不断涌现，社会管理也呈现出多元化趋势。国家的宏观调控决定了经济发展的方向，在改革开放的过程中，国家出台了城镇化建设、新农村建设等一系列政策措施来推动城乡经济的发展，加强公共财政支出来缩小城乡发展差距，提高人民的生活质量和生活水平。在改革开放前期，随着市场经济体制占据越来越重要的地位，经济发展成为社会主义建设的核心任务。为了解决计划经济带来的社会生产缺乏活力的问题，国家对行政权力进行了深刻改革，将部分权力下放到基层和事业单位，形成了较为宽松的政治环境。在农村，家庭联产承包责任制取代了人民公社制度，土地重新回到了农民的手中，大大增强了农民的生产积极性。在城市，推广实行企业承包责任制，生产自主权交还给了企业，充分激发了企业的活力。在基层组织方面，国家赋予了城乡居民自治的权力，成立了居民委员会和村民委员会，并通过立法保障了城乡居民自治的合法性，培养了人民群众的民主意识和自治能力。

（三）政府和市场、社会“多元”协同社会治理格局

社会治理过程中的多个主体参与社会治理，更容易形成平衡与制约，社会治理效果也更容易达到最优。可以说，政府和市场、社会等“多元”社会主体协同合作进行社会治理是比较理想的社会治理状态。一般来说，参与社会治理的社会主体主要是社会组织和公民个人。社会组织是介于政府组织与企业组织之间的一类组织，它主要以公共利益最大化为目标，根据自身的职责定位来影响社会治理。公民个人一方面通过多种渠道对政府提出意见来影响政府政策的制定，另一方面则是通过个人的市场选择行为来影响企业的生产。进入21世纪，中国公民的民主参与意识有了很大的提高，同时由于经济社会的飞速发展，在国家相关政策的支持下，中国的社会组织也逐渐壮大，并开始在社会治理中发声，社会治理的社会力量逐渐形成。在此基础上，中国社会治理的面貌发生了积极改变，我们除了依然看到政府在社会治理中充当绝对主角外，还看到了市场、社会组织和个人的身影，甚至看见了这些社会治理主体协同开展社会治理的景象。具体来说，政府、市场、社会多元协同社会治理在中国发展过程中经历了战略适应性调整阶段和多元主体共同参与阶段两大阶段。

1. 战略适应性调整阶段

进入21世纪，新中国在经过改革开放后20多年的高速发展后，从党和政府的层面来说，开始进一步重视社会治理战略的调整，加大社会治理的力度。从党的十六大到党的十八大，多次党的重要会议的议题都涉及社会治理，特别是在会议之后都及时出台了强化政府社会治理职能、激发社会创新的诸多政策，这些政策经过多年的积累，形成并构建了一整套比较全面的社会治理政策体系。这些社会组织积极参与社会治理，并在其中发挥了重要作用，尤其是能够对政府和市场这两大力量产生制约和平衡作用的媒体组织力量，非常高调耀眼。这一时期，中

国基层社会治理取得了创新突破和显著的成绩。许多地方都结合本地实际进行社会治理改革和大量创新活动，特别是在调整街道与社区关系上发力，有些地区甚至出现了县直管社区的做法，这些做法让居民更加愿意参加社区的各项活动，也更加愿意参与社区的自我组织与管理。可以说，虽然这个阶段社会问题多发，但多发的问题也倒逼社会领域的相关建设加速发展，中国整体性的战略布局在此大背景下也逐步完成布局。

2012 年 11 月，我党组织召开了党的第十八次全国代表大会，会议第一次提出了“构建中国特色社会主义社会管理体系”的重要战略思想，将社会管理和民生并列为社会建设的两个重要方面。会议指出要加快形成“党委领导、政府负责、社会协同、公众参与、法治保障”的社会管理体制，将社会管理和依法治国相结合，强调了法治在社会管理过程中的基础性保障作用。同时，会议提出社会管理要以科学发展观为指导，完善社会管理体制机制，改进社会管理方式方法，提高社会管理的能力和水平。这标志着我党对“社会管理”有了更加深入的认识，直接推动了我国社会管理的改革与创新。党的十八届三中全会对全面深化改革做出了统筹设计和远景谋划，全会通过的《中共中央关于全面深化改革若干重大问题的决定》对创新社会治理体制做出了系统部署。这是“社会治理”的概念在正式文件中首次被提出。从“社会管理”到“社会治理”的转变，标志着我党社会治理理念的重大变化。会议将社会治理作为社会主义建设的一项重大战略决策独立成章，并第一次提出了改革行政复议体制、建立安全防控体系、完善矛盾化解机制等方案，为中国特色社会治理体系的发展提供了实践基础。

2. 多元主体共同参与阶段

进入 21 世纪的第二个十年，党和政府对社会治理问题愈加重视，关于社会治理的战略也进一步调整，各项相关制度措施不断出台，诸多社会矛盾得到缓解。社会治理战略非常明确，政府、市场、社会各司其职，分别承担相应的社会责任，中国进入“多元”协同社会治理时期。这一时期的社会治理特点非常明显：一是遵循社会治理法治化。随着人民群众法治观念的提升，公平正义的理念在社会中深入人心，社会治理者开始重视依法治理，法治化治理战略在社会各领域广泛推进，尤其突出的是与人民群众利益诉求密切相关的信访领域改革迅速，信访案件遵循法治化处理原则，得到了广大人民群众的认可，促进了社会和谐稳定，也提高了社会治理水平。二是推进公共服务均等化。中国长期的二元城乡结构以及地区间发展差异，导致公共服务存在不均等的问题。党和政府对此高度重视，大力推进教育、医疗、养老等公共服务领域的改革力度，逐步缩小不同地区人民之间享受公共服务的差距，有效缓解了社会矛盾，促进了社会和谐。三是推动社会组织深入发展。社会组织在高速发展的同时，政府开始有重点地大力发展其中的民间智库组织并鼓励它们承接相关政府职能。同时，对社会组织进行精细化管理，实行管理分类化，优化申报流程，营造良好环境，加大监管力度，并且重点培育和发展四类志愿性质的社会组织。

总的来说，这一时期中国社会的多元社会治理主体在中国共产党的领导下，有秩序地参与到社会治理的进程中，为推进社会主义和谐社会建设和实现中华民族伟大复兴的中国梦奠定了坚实的社会基础。

党的十八届四中全会通过的《中共中央关于全面推进依法治国若干重大问题的决定》提出，要不断推进法治社会建设，强调多层次多领域依法治理，提高社会治理法治化水平。会议强调要在各个组织和部门推进依法治理，将社会治理深入城乡基层，让广大人民群众实现自我管理、自我服务。同时推进各部门各行业的依法治理，实现依法治理的全覆盖，不断提高我国社会治理法治化的广度和深度。要积极开展丰富多样的法治活动，使社会治理多元主体通过开展法治创建活动理解自身的权利和义务，自觉遵法守法。对于行政部门，要规范权力的行使，使权力得到充分的监督；对于市场主体，要完善现代企业制度，依法合规经营，使市场经济平稳较快发展；对于基层组织，要加强基层民主法治建设，保障广大人民群众参与社会治理的权利，推进基层实现民主管理、依法自治；对于社会组织，要制定社会行为规范、充分激发内在活力，不断强化其自治能力。党的十八届五中全会更是明确提出了“全民共建共享的社会治理”，指明社会治理需要各个社会主体的共同参与。党的十九大报告从统筹推进“五位一体”总体布局和协调推进“四个全面”战略布局的高度，对社会治理问题进行了阐述，明确提出要打造共建共治共享社会治理格局。会议提出要维护好群众利益，努力化解社会矛盾，赢得广大人民群众的支持和拥护，同时创建多元社会主体参与机制，发挥社会主体积极性，组织动员社会组织和个人参与到社会治理之中，打造社会治理的良好局面。党的二十大报告指出，要“完善社会治理体系”“健全共建共治共享的社会治理制度，提升社会治理效能”。为贯彻落实好党的二十大精神，应坚持和发展新时代“枫桥经验”，坚持“共建共治共享”理念，紧紧围绕人民群众对矛盾纠纷化解工作的新期待、新要求，充分发挥调解在社会治理中的重要作用，立足基层实际，聚焦“联动调解”。

二、社会治理取得的成就

（一）创新的社会治理格局

共建共治共享的社会治理格局，是党的十九大报告中提出的新概念。其主要包含三重含义，即“共建、共治、共享”。

1. 社会治理主体的“共建”

“共建”即共同参与社会建设。由于我国社会主要矛盾的变化，传统的政府单向管理的社会治理模式已不再适用于当前社会的发展，必须更加注重社会组织和个人等多元社会主体的参与。党和政府应充分意识到，多元社会主体在社会治理过程中扮演着十分重要的角色，发挥着促进市场经济的稳步增长、维持社会秩序的和谐稳定、引领社会文化的发展潮流等重要作用。社会建设主要包括社会力量建设、社会事业建设和社会法治建设三个方面。在社会力量建设方面，党和政府应该给予社会组织和个人更多的鼓励和支持，让多方社会力量可以更积极地参与到社会治理中，充分发挥这些社会力量的优势和长处，助力中国社会现代化进程稳步发展。在社会事业建设方面，党和政府应该积极寻求与各方社会力量的合作，促使社会组织和个人等多元社会主体融入社会生产服务的方方面面，在教育、就业、养老、社保、医疗卫生、食品安全等领域的建设过程中发挥重要作用。在社会法治建设方面，党和政府应该在国家的法律法规以及中央地方政策的制定过程中充分给予各方社会力量参与社会治理的权利，开放社会治理的决策、执行、组织和监督体系，使社会组织和个人等多元社会主体参与到社会治理的全过程中，在制度上保障全民参与社会治理的合法性、有效性。

2. 社会治理方式的“共治”

“共治”即共同参与社会治理。由于社会治理主体的多元性，在社会治理过程中必须面对共治的问题。在社会治理过程中，政府与多元社会主体之间通过协商互动的方式，共同参与社会公共事务的处理。随着社会的飞速发展，人民群众对社会民主、法治、公平、正义等方面的要求也逐渐提高。因此，党和政府应充分满足多方社会组织和人民群众参与社会治理的强烈愿望，给予多元社会主体更多的支持和鼓励，建立丰富多样的社会治理平台，推动政府和各方社会力量携手合作、共同努力，使社会治理社会化。

3. 社会治理成果的“共享”

“共享”即共同享有治理成果。构建共建共治共享的社会治理格局，就是为了增进社会整体福利，使人民群众共享社会治理的成果。在我国经济、政治、文化飞速发展的今天，我们必须意识到在不同地域、不同群体之间仍存在并长期存在发展不平衡的问题。古人云：“不患寡而患不均。”随着社会的发展，人民群众对公平公正的要求不断提高，对社会治理发展成果的分配也越来越重视，只有持续提高人民的生活质量和生活水平，不断解决人民群众所面临的现实问题，最大限度地满足各个社会阶层人民的利益诉求，使社会治理的成果能够更多更公平地惠及大多数人，才能提高人民群众对社会治理的满意程度，促进中国特色社会治理快速发展。社会治理的成果不仅包含经济发展成果，同样包含政治发展成果和文化发展成果，我们在关注人民生活水平提高的同时，也要注意到人民群众对精神文化的追求和对社会公平正义的追求，这都需要政府和各个社会主体之间协同合作、共同努力，从而实现全体人民共同富裕的宏伟目标。

（二）完善的社会治理体制

1. 提升社会服务水平

随着经济社会的发展和物质生活水平的提高，群众的利益诉求日渐多样化、复杂化的特征显著，人们对社会服务水平和质量有了更高的期待。服务决定管理，管理服从于服务，管理的目的是提供更好的服务。党的社会治理创新说到底就是解决怎样更好地满足人们的多元化需求，怎样更有效地维护人们的根本权益的问题。党的十八大以来，党所建立的社会治理政策体系，包括组织体系构建、治理主体结构重塑、“三治融合”治理体系构建、治理重心向基层下移等重点内容，推动了治理工作创新，提升了治理主体的服务能力，改善了社会服务状况，社会整体的服务水平有了提高，初步确立了党组织领导下的、以服务为导向的治理格局。一是需求表达渠道得到拓宽和畅通，服务群众的精准度提升。作为公共服务的受益群体，居民需求表达的准确性是影响服务效果的重要因素，很多地区在不同程度上缺乏有效的需求表达渠道，居民意愿得不到及时的关注和反馈。各地广泛建立的各种类型的组织和议事协商的平台，成为群众态度和看法向外输出的重要媒介，人们针对社会事务提出建议和意见的机会明显增多，也敢于、乐于说出自己的心声。老百姓为社会发展积极建言献策的同时，党员干部则通过走访、座谈、问卷调查等形式，更加全面、充分地了解社会情况、群众需求，为其提供精准的、有效的精细服务。二是公共服务的供给主体逐渐多元化。与社会管控、管理时期政府多为公共产品和公共服务供给的单一主体相比，“一核多元”的协同供给模式正逐步形成。党组织的功能定位从原来的管理转到服务上，党的基层组织有效嵌入其他社会组织，服务意识渗透到党建工作中，党群服务中心、党员中心户、党员责任制等新的服务载体出现，全面融合了治理资源，党建服务促进了公共服务主体多元合作。经济合作组织、社会文化组织、志愿公益组织等得到快速发展，组织化程度进一步提高，这些组织承担起社会部分的服务项目，如法律咨询和援助、精神文明创建、公益志愿服务等，政府、市场、社会等多元供给、功能互补的服务网络，让群众享受到更加优质高效的全方位服务，社会自我服务和公共行动的能力进一步提升。三是公共服务的内容和形式进一步丰富。“下移的治理是一线的、在场的治理，是有更多参与感的治理，因此也就意味着更节约、更高效，具有更好的回应性。”

2. 完善人民内部矛盾有效机制

党的十九届四中全会提出，完善正确处理新形势下人民内部矛盾有效机制是构建共建共治共享社会治理格局的一项重大任务。在新的历史时期，我国人民内部矛盾也表现出了一些新的特点，产生了诸多新的问题。面对这些新问题，需要对我国人民内部矛盾的特征规律进行全面的研究和分析，积极采取措施化解人民内部矛盾，满足人民群众对美好生活的需求。完善正确处理新形势下人民内部矛盾有效机制要注重实践，对体制机制进行积极的改革创新。要完善群众诉求表达机制，利用网络、移动通信、视频直播等平台充分实现和人民群众的有效沟通和良性互动。要完善利益协调机制，建立健全最低生活保障制度，出台社会帮扶工作方案，完善医疗保障制度和养老保险制度，力争做到人人老有所养、病有所医，不让老人和疾病成为拖累人民生活水平提升的包袱，加强困难弱势群体的帮扶制度，从制度上给予保障，在工作中积极关心，维护好困难弱势群体的尊严。要完善信访制度，深入推进信访工作改革，建设网上信访平台，最大限度地方便人民群众反映问题、表达想法，同时加快信访工作的信息化建设，充分利用大数据、人工智能（Artificial Intelligence，AI）等新技术提高信访工作的效率和质量，推进领导干部下基层接访制度，和人民群众面对面接触，了解人民群众的困难，将矛盾和问题扼杀在萌芽状态。

3. 健全社会公共安全体系

当前我国的社会公共安全形势总体平稳，但随着我国经济社会的快速发展和国际化程度的日益加深，社会内部矛盾发生变化，外部威胁也日益严峻，公共安全正面临着前所未有的复杂挑战，因此健全社会公共安全体系成为社会治理的一项重要任务。健全社会公共安全体系要着重建立起集预防与应急准备、监测与预警、应急处置与救援、事后恢复与重建于一体的公共安全战略体系。在公共安全问题发生前，要充分做好预防与应急准备工作，时刻监测可能发生的公共安全问题，做好事前预警，尽量减轻危害造成的损失。

第三章　社会发展与社会治理的理论基础

社会治理是国家治理的重要组成部分，关乎国家治理现代化的全面推进。当前，我国正处于社会发展进程中的改革与深化阶段，在改革和社会转型期，社会各个领域中存在着多种社会矛盾和社会问题。面对纷繁复杂的社会矛盾，管控型的社会治理方式逐渐失去其有效性。基于此，本章在研究传统社会发展与社会治理理论的基础上，提出了一系列相互联系、相互贯通的治国理政新理念、新思想，形成了系统完整、逻辑严密的科学理论体系。本章分为社会发展的理论基础和社会治理的理论基础两个部分。

第一节　社会发展的理论基础

一、社会发展理论的主要内容

（一）社会发展形态论

社会发展“三形态论”，是马克思在深入分析人类发展规律的基础上提出的，它实际将人类社会的发展进程分成了三个不同阶段。马克思认为，社会发展的不同阶段有着不一样的形态。马克思在其著作《1844 年经济学哲学手稿》中实际论述了社会发展的三种形态，这也是马克思社会发展形态理论的萌芽期。此外，后世学者还提出了社会发展“五形态论”。

1. 社会发展“三形态论”

《1857—1858 年经济学手稿》是马克思最早提出“三形态说”的著作。后来马克思在《资本论》中，根据其积累的大量哲学思想，开始全方位地论述人类社会形态理论，此时他将人类社会发展划分为直接的社会关系、物化的社会关系、自由人联合体三个不同的发展阶段。

（1）人与人的依赖关系——基于自然经济条件

在《1857—1858年经济学手稿》中，马克思提出了最初社会形式这一概念，随后他又提出了划分人类社会发展阶段的标准，指出随着商业、交换价值以及货币的发展，古代家长制或封建制度逐渐没落，在现代社会发展进程中，商业、交换价值以及货币同样会得到迅猛发展，进而形成新的社会形态。马克思还提到，一切劳动产品或能力都可以进行交换，这种交换活动实质上与两种形式都存在对立，一种形式是社会从属关系和人与人之间的统治关系；另一种形式是人们共同占有或控制生产资料所形成的个人自由交换。马克思在深刻探讨人与人的依赖关系以后，提出“第一大社会形态”是家长制的、古典古代的封建制度。

基于自然经济条件下阐释的人与人之间的依赖关系，代表了马克思所提出的最初社会形态，这一社会形态经历了原始社会阶段、古典古代社会阶段、封建社会阶段三个发展阶段。同时，第一大社会形态实质上相对应的是资本主义以前的生产方式。在这一阶段，原始社会科学技术甚是落后，生产化程度偏低，社会分工不明确，缺少先进的生产力，此时的人类主要是以手工工具进行生产。此时社会民众的生产工具较为简单，一是依靠个体的身体，二是依靠较为简单的手动工具，如铁器、石器。在这个阶段中，人们只能在狭小封闭的领域内开展生产活动，劳动协作的方式也较为单一，人的生产能力在孤立狭窄的区间范围内得以持续发展。在此背景下，生产力的落后，相应的个人缺少独立生产能力，个体无法开展劳动，唯有依托宗法式血缘的共同体，人和人的关系只能在以自然为关系纽带的社会团体中建立，人的依赖关系成了人和人之间社会关系的本质，只有人和人之间出现了依赖关系，才能产生劳动、出现交换，此时人们将自给自足作为社会发展的主要目的。正是因为在这样的社会形态中，主要表现为人与人的依赖关系，人们只能被动地接受大自然的支配，一旦离开自然，人就会失去生存能力，其发展也将会陷入停滞。

（2）人对物的依赖关系——基于商品经济条件

第二大社会形态是以物的依赖性为基础的人的独立性。在这个阶段中，人类社会已经开始表现出全面的社会关系和能力，且人们也表现出了多方面的社会需求，普遍的社会物质需求已经发生了转变。第二大社会形态最典型的社会形式就是资产阶级社会，这是基于商品经济所形成的社会形态。

人的生产能力和科技水平在这一社会形态中得到了显著提升，人们开始在社会生产中投入大量新的技术和工艺。在人的物质生产能力得到全面提高以后，人们也开始产生较强的精神生产能力，随后社会中出现了越来越多的政治活动和社会交往活动。然而，从社会发展的整体状态来看，此时人们还未能真正实现自由全面发展。相比于第一大社会形态，人类在第二大社会形态中具备了独立性，而人们对物的依赖是形成这种独立性的前提条件。在人的交往范围进一步扩大以后，人的社会关系逐渐社会化、普遍化和丰富化。在物的依赖关系下，人的社会关系逐渐表现为物和物之间的关系。生产力和科学技术在资本主义社会中得到迅猛发展，社会公众在历史发展进程中，也产生了多元化的生活需要，此时社会公众开始追求多元化的物质，希望积累大量的物质财富，且这种追求已经成为当时社会中的“普遍需求”，充分体现了社会形态的社会性。资本主义社会的形成，解除了人们对自然和共同体的依赖，打破了人在社会中的限制，也为后来真正意义上实现人类的自由个性发展奠定了坚实的社会基础。然而，在对物的依赖关系中，仍然不能使人的个性得到彰显，甚至存在物的异化，此时资本主义社会仍然约束了人的自由个性发展。

（3）人的自由全面发展——基于产品经济条件

人的自由全面发展是马克思所提到的第三大社会形态。与前两大社会形态的交替一样，第三大社会形态是在第二大社会形态发展的前提下实现的，实现人的自由全面发展，最典型的社会形态就是共产主义社会。共产主义社会是由社会生产力为社会中的个体积累大量的社会财富，并推动个体的全面健康发展的社会。首先，当社会逐渐发展成为自由人的联合体时，这个社会就可以为人们的自由全面发展提供条件，此时在社会的不同领域中，可以实现生产要素的自由流动，社会生产力和科技水平得到了有效提高；其次，其他的人或物不会对人的活动有所约束，机器的片面劳作不再会对人造成压抑和束缚，人们可以独立自由地支配生活和社会生产，此时人类的活动才能实现真正意义上的自由和全面；最后，人类在自身需求得到满足的过程中，可以真正建立平等和自由的人与人之间的关系。人在第三大社会形态中可以作为社会和自然的主人，可以自由全面地发展。商品经济表现出了一定的使用价值和交换价值，人的劳动最主要的目的就是积累物质财富，而物质财富同时也是人存在的前提条件。

在第三大社会形态下，依然存在产品交换的现象，而要想实现产品交换的高度发达，就必须实现社会分工的高度发达，人们可以自由地交换共同控制和占有的生产资料。第三大社会形态是马克思所理想的共产主义社会，在这个社会中，任何形式的体力劳动都将退出历史舞台，而且人们的劳动活动不再只是为了满足自身的生存需要，而是为了实现个人的自由全面发展。在时代发展与进步的过程中，社会生产力和科技水平得到了显著提高，为了满足人类的精神生活需要和物质生活需要，第三大社会形态中需要大量丰富的产品。而这种形态中所产生的产品交换，不仅仅是单纯地使个人利益得到满足，也不再只是简单地进行等价交换，而是通过产品交换来实现个人的发展，是一种基于个人自由全面发展而形成的交换，使其可以为社会发展做出贡献。人们的社会交往和公共活动只有在第三大社会形态中，才可以使个人的全部能力得到充分显现。

2. 社会发展“五形态论”

通过考察和研究马克思的经典著作，我们并不能明确地查找到关于马克思本人提出“五形态论”的依据和明确记录。现在称为“五形态论”的这一学界理论观点并不是马克思或恩格斯本人亲口所言，亦不曾有明确记录，实际是近现代马克思经典作家对其关于人类历史发展规律的总结和归纳。1919 年列宁的文章《论国家》是最早考察和研究这种理论观点的文献之一，在这篇文章中，列宁从理论意义层面解读并概括了人类社会的发展过程，使其成为多数人能接受的一种理论观点，即“原始社会、奴隶制社会、农奴制社会和资本主义社会”，这四种社会形态以及以当时的苏联为代表的社会主义社会，就是我们至今为止仍在沿用并进行理论研究和考察的五种社会形态。

时隔 20 年后，1938 年作为苏联第二代领导人的斯大林又进一步挖掘和延伸了列宁提出的这一理论观点，使其内容更为当时的大众和学界所接受。斯大林指出:“社会发展史首先便是生产发展史……是原始公社制的、奴隶制的、封建制的、资本主义制度的、社会主义的这样五种基本生产关系更迭的历史。”在此基础上，1939 年 5 月，苏联哲学家罗森塔尔（Rozentali）和尤金（Eugene）共同主编了《简明哲学辞典》，二人补充说明了斯大林所提出的“五种基本生产关系更迭”理论，并将马克思经典文本用语中严格学理定义的“社会形态”与“经济的社会形态”在同一意义上使用，译为“社会经济形态”，认为“原始公社制度、奴隶占有制度、封建制度、资本主义制度以及社会主义制度，是各种不同的社会经济形态，是人类社会发展的各个特殊阶段”。经由苏联哲学家对“五形态论”的深耕和拓展，“五形态论”这一人类历史分期理论在苏联社会历史观领域中逐渐占据了统治地位，具有深厚的影响，对这一理论的考察和研究直至今日还在进行。在“五形态论”研究者看来，人类社会的发展过程要依次经历从原始社会到共产主义社会的五个基本阶段，并且将“五形态理论”认为是马克思所提出的经典性结论。然而，在今日的一些研究者眼中，“五形态论”始终只是对马克思的经典著作进行二次解读而归纳提出的概念观点，或由于主观认识或翻译版本等问题，与其原著的内容存在较为明显的主观性与理解性偏差，而在理论研究与实际的国际社会发展的过程中也体现出了其理论与实践之间的“水土不服”，明显可以看出其对于文本的简单粗暴的理解与对理论的机械化拆分，从而使得其理论的基础缺乏实践经验和案例的情况频发。众所周知，科学的理论是严格建立在一定的事实基础之上的、严谨的、可以得到认可的观点。也就是说，根据此种规律，“五形态论”得到认可的前提，必须是在其理论逻辑的基础脉络中，可以在国际社会不同意识形态的国家发展进程中得到论证，其理论的基础才能具有可研究性与说服力。

但是，在众多国家中，其社会发展的进程由于受到全球政治经济的局势变化的影响，出现了经济全球化、政治多元化的特征，加上政治寡头和军事寡头的干预，使得社会发展“五形态论”未能在实际发展中与实践进行呼应，从而可以看出其理论的局限性与对于国际社会发展的不可预见性的弊端，即世界上绝大多数国家的发展历程并没有严格地按照“五形态论”中所规定的顺序进行更替，某些国家和地区出现跨越式发展，未曾经历过所有的历史形态，五种社会演进形态是平行地存在于世界某些国家和地区之间的。而在马克思的著作中也能够发现，马克思在人类社会发展中的生产资料所有制度的更替与发展问题上，有着较为明确的分析，主导因素是社会形态的不同，由此产生的生产方式的不同导致其解体的形式也不尽相同，并非统一的某一种或固定的某几种形式。而对于人类社会发展进程的总体与个体之间规律的把握，马克思坚持多样化，反对单一化的发展规律，并反对单一化发展的观点，其认为由于各个国家和民族之间具有各自不同的文化传统社会关系和国情特点，而并不存在一概而论的情况，并不能将国家社会的发展与进步以公式化的方式进行演算与推论，数学方式的精确论断和计算方式不能代替历史发展的多样性与不可预测性，更不能以此作为理论的依据而简单地得出结论。

“五形态论”的理论内容无法完全涵盖与解释关于落后国家与地区在社会发展的进程中出现跨越式发展，以至于发生跳跃式发展的特殊性与其在人类历史发展中的独特性。如果仅以公式推导的方式进行验算模式，必然无法推导出从落后的封建国家、农耕社会跨越资本主义社会而直接进入社会主义社会的进程，一旦出现逻辑缺陷，那么就出现了基础理论与实际发展的真空地带，从而体现出其对于每个社会历史阶段发展性质的割裂，使得理论的抽象与指导完全脱离了实际发展。所以，如果就此论调来看俄国十月革命，就不能进行解释与描述，只能将其归于社会发展中的特殊情况，不具有普遍性。但马克思正好从其反面出发，认为国家社会发展的不同背景正是由于其不具有普遍性的特点，这才是社会发展历史发展的抽象性，此种矛盾的发展才能真正体现出国家与社会的发展规律，是一种动态的而非静态的推导。其是特殊的存在，不具有一般意义，且是包含在“五形态论”这一理论的框架之下的进程。而马克思对俄国的发展道路的剖析，也更加深刻地证明了一成不变的发展轨迹并不适合当时的俄国。由于各个国家和地区间的独特性所带来的经济、社会、文化等方面的巨大差别，本身就是一种教条式的看法，所以马克思特别强调通往社会主义的道路有千万条，没有固定的道路可以一劳永逸地解决所有国家和地区的问题，看待道路问题时不要教条式地理解和运用。

（二）社会发展动力理论

中国共产党在继承和发展马克思社会发展动力相关理论的基础上，结合我国国情提出了具有中国特色的社会主义发展理论；同时运用马克思社会发展动力理论来指导我国的经济社会发展，最终创造性地提出了中国特色的社会发展动力理论。

马克思社会发展动力理论能够更好地解决社会发展动力问题，是对西方的传统社会发展理论的批判和继承，它的产生宣告了唯物史观视阈下的社会发展动力思想的确立。首先，马克思社会发展动力理论指出社会发展的原动力是生活需要。

马克思认为，已经得到满足的第一个需要本身、满足需要的活动和已经获得的为满足需要而使用的工具会引起新的需要，所以人的需要是多元而非固定的，是在满足各种社会活动中不断丰富和发展起来的，社会发展进步的动力正是人的生活需要。其次，马克思在《德意志意识形态》中提出“历史的动力是革命”。马克思认为，整个人类社会发展的根本动力就是社会基本矛盾，阶级斗争是社会发展的直接驱动力，人民群众是社会发展的主体动力。再次，马克思还认为“17 世纪和 18 世纪从事制造蒸汽机的人们也没有料到，他们所制作的工具，比其他任何东西都更能使全世界的社会状态革命化”。他在《共产党宣言》中指出：“代替那存在着阶级和阶级对立的资产阶级的旧社会的，将是这样一个联合体，在那里，每个人的自由发展是一切人的自由发展的条件。”最后，马克思强调社会发展的结果，在各种因素的综合作用下，存在着促进社会发展的重要动力因素。

1. 社会基本矛盾是社会发展的根本动力

马克思在考察和分析资本主义制度产生、发展和现状的基础上，通过不断论证后指出：“社会基本矛盾存在于一切社会形态之中，是推动人类社会由低级向高级发展的根本动力。”社会的物质生产力发展到一定阶段，便同它们一直在其中运动的现存生产关系或财产关系发生矛盾。于是这些关系便由生产力的发展形势变成生产力的桎梏。随着经济基础的变更，全部庞大的上层建筑也会或慢或快地发生变革。判断一个人不能根据他对自己的看法，同样，判断这样一个变革时代也不能以它的意识为根据；相反，这个意识必须从物质生活的矛盾中，从社会生产力和生产关系之间的现存冲突中去解释。以上论述从生产力层面清晰详细地区别与解释了经济基础与上层建筑之间的关系、其内涵与外延间的不同内容，同时阐述了生产力与生产关系之间的矛盾关系，通过唯物辩证的矛盾观点彻底地分析了经济基础与上层建筑、生产力与生产关系之间需要论证的问题，深刻地剖析和论证了这两对社会发展、人类历史发展的关键性问题。马克思对生产力与生产关系、经济基础与上层建筑之间发展的规律，双方相互排斥、相互吸引且相互作用的关系进行了分析，揭示了其中的规律，展示了在社会生产的发展中，其不均衡性的关键作用，使得社会阶层产生了激烈的矛盾冲突，在矛盾产生与矛盾化解的过程中，不断催化人类社会的历史进程。

马克思认为，在社会发展的实际过程中，所谓的社会不同层级的关系之间所产生的矛盾冲突，是因为其生产资料分配不均、获得利益划分不均等导致的。从精神文化矛盾到具体的阶级对抗矛盾，其实都基于内在的关于生产力与生产关系之间的矛盾，这样的矛盾是始终存在且持续对抗的。而掩藏在这种浅层表现下的各种矛盾，都是以经济基础为主要矛盾。从生产力到生产关系，再到经济基础与上层建筑之间的关系，我们在很早之前就已经在马克思唯物主义哲学关于矛盾辩证的观点中得以知晓，二者相互关联，虽相互排斥、相互对抗，但又相互影响。这更加印证了关于在矛盾的运动中不断前进发展的理论脉络，让我们能够通过人类社会的发展观察其内在规律，即所有的矛盾都是在历史的进程中螺旋上升、不断发展的。

2. 阶级斗争是阶级社会发展的直接动力

19 世纪，阶级一词深远影响着当时的社会。不断增加且丰富的阶级和阶级斗争学说，在一定程度上左右着社会发展趋势。通过几十年的研究，马克思推动阶级斗争理论不断深化，他系统地说明了在资本主义条件下资产阶级与各阶级之间的斗争，并指出无产阶级专政是阶级斗争的必然结果。

在阶级社会发展中，社会的基本矛盾主要表现为生产效率与生产要素、经济发展与人的全面发展的矛盾。马克思指出："没有对抗就没有进步，这是人类文明发展到今天所遵循的规律。到目前为止，生产力就是由于这种阶级对抗的规律而发展起来的。"由此马克思做出论断："根据我们的全部经历，摆在我们面前的只有一条路，近四十年来，我们一贯坚持阶级斗争，认为它是推动历史发展的直接动力，特别是重视资产阶级和无产阶级之间的阶级斗争，认为它是现代社会变革的巨大杠杆。"马克思与恩格斯从人类社会发展的不同角度进行分析总结后得出结论：在人类社会发展的过程中，阶级斗争对于人类社会发展起到催化作用。其将人作为核心，阶级斗争的出现是无法被否认的，其阶级斗争的作用是无法被否认的，其阶级斗争最后导致的后果也是无法被否认的。马克思与恩格斯在著作中这样表述："用历史唯物主义这个名词来表达一种关于历史过程的观点，这种观点认为一切重要历史事件的终极原因和伟大动力是社会的经济发展，是生产方式和交换方式的改变，是由此产生的社会之划分为不同的阶级，是这些阶级彼此之间的斗争。"他们从不一样的方向深层次调研和解析了人类社会的发展趋势和快速发展环节，认为目前为止大部分社会进步是阶级斗争的结果。

总的来说，除生产效率和生产要素以外，阶级斗争在社会发展中也起着重要的作用，只要发展到一定程度，就一定会有阶级斗争的印记。换句话说，社会发展的驱动力与科技发展、阶级斗争、社会革命密切相关。

（三）社会发展代价论

社会的发展一向都是波动的，在粗放型发展中，取得巨大进步必会付出巨大代价，一般情况下人们在取得巨大发展进步的同时也为此付出了无比沉重的代价。马克思考察了当时资本主义社会的进步与之所付出的代价。关于代价的考察是历史与现实的辩证统一。马克思认为，社会如果要进步，就一定要付出一定的代价，而只有付出代价，社会才能进步。

1. 社会发展与代价的内涵

（1）社会发展的内涵

发展是人类永恒的主题，21 世纪以来，由于全球性问题日益突出，社会发展问题受到越来越多的关注。如何正确认识社会发展，寻求更低代价的发展成为世界各国都愈加重视的问题。发展是人们经常使用的概念。在日常用语中，发展是一个中性词，一般指事物在时间、空间中的持续和蔓延，并且在其持续和蔓延中，事物有量的增长、扩张甚至发生质的变化。从不同的角度出发，发展有不同的含义，发展更多的是从其社会发展的角度出发的。我们常说的社会发展，主要是指整个社会结构的进步，同时也是构成社会框架的多种结构共同前进的过程。

（2）代价的内涵

①代价的含义。由于实践活动无处不在，人类在实践活动中的得失也就普遍存在，这就使得代价在日常生活中显而易见。从一般角度讲，代价是指为了得到某些事物而必须付出的或是在此过程中消耗的物质、时间、精力等；从经济学角度讲，代价是指为了寻求更大的经济利益而不得不损失的、与主要利益相比较小的那部分经济利益；从哲学角度讲，代价指的是人类根据自身的选择，在实现社会发展和达到价值追求的过程中，为达到一定的价值目的而付出和牺牲的价值，以及对价值所承担的消极后果。具体来说，代价就是在历史发展过程中，人类在社会发展的大前提下，为了达到某些目标和整个社会的进步，而不得不舍弃和牺牲的部分。

②代价的分类。从不同的角度对代价进行分类，就会有不同的划分标准，也

就产生了不同类型的代价。按照主体的不同存在形式，代价可以分为个体性代价、群体性代价和社会性代价；依据代价付出的内容来划分，可以将代价分为物质性代价和精神性代价；如果根据代价的来源不同来划分，可以将代价分为必然性代价和人为性代价；立足于模式转换的角度，可以将代价划分为模式代价和过程代价。而所谓模式代价就是指由于追求一定社会制度模式而引发的代价，过程代价则是指为了实现不同社会制度模式的转变而付出的代价。

2. 社会发展与代价的辩证关系

（1）发展与代价的对立性

“要建设就要有投入”“要奋斗就会有牺牲”“要让马儿跑就得给马儿吃草”，这些俗语都间接地说明要想发展就要付出一定代价，这是从发展的成本、发展造成的牺牲等角度所做的分析，我们必须看到几乎任何的发展活动或发展实践，都有可能导致我们所不希望的消极后果的出现。如某一个地方大搞经济建设，它要有人力、物力、资金等方面的投入，这是经济建设的成本；同时要看到经济建设对生态环境造成的或大或小的负面影响，从经济建设对生态环境造成一定破坏的角度出发，可以说经济建设中的生态破坏就是一种代价。可以明显看到经济发展所带来的不可避免的生态破坏，给环境保护带来了一定的障碍，而对环境的保护在一定程度上又拖住了经济发展的步伐，要想保护环境就要减少发展，为了实现经济发展就得舍弃一定的生态环境，从这个角度来说，发展和代价作为人类社会运动过程中的两个重要环节是相互对立的关系。

（2）发展与代价的统一性

以经济发展和环境保护为例，经济发展为保护环境提供了物质保障，让环境保护不再受制于财政压力，而环境保护又在一定程度上制约着经济的发展，但在特定情况下，环境保护又可以带来经济价值。从这个角度来说，代价依附于发展而存在，与发展相互依存、相互制约、相互转化。代价寓于发展之中，有发展就有代价，但发展程度的好坏又取决于代价的大小，发展有时又能转化为代价，它们之间是辩证统一的关系。

发展与代价的对立统一关系构成了它们的矛盾运动，代价存在于社会发展过程的各个时期，社会发展的自身意义中就包含代价意蕴，而其只有通过对代价的不断扬弃才能实现。然而，代价的付出在一定程度上阻碍了社会的发展，因此社会得以永续发展最应该做的就是扬弃代价，寻求低代价、高质量的发展。

3. 社会发展代价产生的必然性

首先，我们要用辩证的眼光看待世界发展进程，人类实践活动蕴含着肯定自己与否定自己的二重性物质活动。在这个物质变换的过程中，人与人之间的联系要达到结合的状态。现实的人在进行实践的同时，一方面要把自己身体所蕴含的本质力量通过外在与对象化，创造出凭借外部对象自身的运动机制以及规律无法自我产生的“人造自然物”。另一方面，人在运用自己的本质力量对自然界进行“人化”的同时，又受到这一对象的制约，甚至为其奴役和束缚，因而在对象面前是非自由的受动存在物。对此，马克思在《1844 年经济学哲学手稿》中通过分析“异化劳动”，深刻地揭示了资本主义条件下劳动的否定性质及社会发展过程中代价的出现。劳动本来是人的本质，是一种自由自觉的活动。人们可以按照自己的意愿和实际需要进行劳动，上午可以钓鱼，下午可以除草，是自觉自愿的劳动。但是，在资本主义私有制下，劳动变成了外在于人、敌视人的东西。劳动对工人而言是外在的东西，也就是说，不属于他的本质，所以他在自己的劳动中不是肯定自己，而是否定自己，不是感到幸福，而是感到不幸，不是自由地发挥自己的体力和智力，而是使自己的肉体受折磨、精神遭摧残。不过，马克思以深切的人文关怀进一步指出，在那样一种历史阶段，人才最终脱离了动物界，从动物的生存条件进入真正人的生存条件，而只有真正进入共产主义社会才有可能消除资本主义给人类带来的沉重代价。

其次，社会不同利益主体有其各自的追求，相互之间形成对抗的价值冲突。马克思曾表示人们为之奋斗的一切都与他们自身的切身利益相关。从唯物主义的立场出发，与其说人类活动的重要特征是人们对利益的追求，不如说是本体论意义上的人的存在方式具有不以人的意志为转移的客观性质。在社会生活中的每个人，都是相对独立的个体。

在不一样的层面中，各个层面的主体对利益都有属于这一层面的理解，在价值观和价值取向这一点上的追求也是不一样的，而这些不同层面中的主体对于目标体的价值追求有一定的共同点，也有差异化的地方。而当差异化产生以后，在现实活动中产生的冲突会引发人们在价值方面的疑惑，一般也会伴随着信仰方面的危机发生，也有可能引起社会的动乱，这个时候我们所说的代价问题就会出现。

正如马克思所说："在人类，也像在动植物界一样，种族的利益总是要靠牺牲个体的利益来为自己开辟道路的。"社会总体代价是指不同利益主体在使其利益最大化的过程中所引起和造成的社会整体利益的受损。如今出现的种族问题、战争问题以及环境问题，都是社会发展代价的具体体现。

（四）社会发展主体论

社会发展主体论作为马克思主义社会发展理论的关键组成部分，在理论上初次把广大群众作为社会发展的主体来把握，从辩证唯物主义和历史唯物主义的视角，揭示了在社会发展过程中人作为社会发展主体的重要地位。

1. 人民群众是社会发展的实践主体

马克思主义哲学思想的主要范围是"实践"，实践也是唯物史观区别于旧唯物主义的显著标志，是马克思主义唯物史观的特有标志。马克思主义经典作家在应用唯物史观发展层面飞速发展，得到了物质第一性、精神实质第二性的客观真理。马克思曾表明，实践是客观的物质性活动，一切社会发展都是根据实践得到的，一切物质材料都是根据实践创造生成的。物质性、社会认知和主观能动性的统一是实践的本质特征。在众多研究马克思主义理论的学者眼中，社会是在不断进步的，而正是不断进步的社会进程和社会实践的过程组成了人类的历史。物质资料生产和人本身的创造性，这两个实践活动是人类社会一直向前发展的坚实基础。从这里就能看出，人就是物质的最终承担者，也是不断实践的生命前提。从唯物主义历史观这一角度出发，社会的发展史就是人类不断实践的过程，进一步来说，广大人民群众进行的社会实践活动对于社会历史的发展起着相当重要的作用。从以上几点也能看出，马克思主义社会发展主体论的重要意义之一便是明确人民群众是社会发展的实践主体这一重要基础论断，肯定了人民群众对社会发展来说是不可或缺的坚实力量。

2. 人民群众是社会发展的目标主体

社会随着时间的推移而持续进步，而作为社会发展主体的人民群众也在各项实践中不断实现自我发展。马克思认为，社会发展的目的就是实现人自身的发展。因此，在马克思社会发展理论中，人的不断进步和发展自始至终是社会发展的主题和关键，人不但是社会发展的前提条件，也是社会发展的总体目标。它是人类社会发展的起点和最后目的，是围绕马克思社会发展基础理论的一条红线。无产阶级的灯塔——马克思一生专注于全人类解放的伟大事业，他从理论的角度出发，提出了共产主义社会的美好理想。他提出在共产主义社会中，人的精神和身体都得到了相当大的解放，每个人都是自由的个体，可以得到全面的发展。和马克思对社会发展目标主体的界定一样，恩格斯认为社会发展的目的就是实现人的自由而全面发展，如果要实现共产主义的伟大思想，把它转化为现实，就是实现每一个人的独立和自由。中国共产党是马克思社会发展理论的坚定践行者。党的十九大报告中把“人民对美好生活的向往”作为党的奋斗目标，这种向往离不开人自身的发展。随着每个人在社会上享受到更多的福利以及政策优待，人民在社会中获得的幸福感也会越来越强，这也是人民群众是社会发展过程中的目标主体的重要体现。

二、社会发展理论的鲜明特征

（一）科学性与价值性的辩证统一

社会发展理论具有高度的科学性，这至少体现在以下两个方面：其一，马克思社会发展理论是建立在其所创立的唯物史观的基础之上的，而且这一唯物史观直接构成了马克思有关社会发展的一般性理论的主体构架。而唯物史观的创立与发展，是人类思想史上的壮丽日出，标志着人们在自我认知、社会运行和历史发展方面实现了新的、意义深远的重大突破，也正是在这个意义上，恩格斯才将唯物史观誉为“关于现实的人及其历史发展的科学”，而这也就从根本上确保了社会发展理论是在科学的基础上发展起来的科学理论。其二，社会发展理论不光在历史观的意义上具有科学性，而且在具体社会发展问题的分析与探讨上同样具有科学性，这集中体现在马克思对具有科学性的分析方法和研究态度的强烈自觉和高度践行上。在马克思看来，研究社会发展的诸种问题，首先需要尽可能地占有相关一手材料，在此基础上运用科学方法加以分析和研究，尽可能从中引出积极的、颇具建设性的结论，而在取得这样的结论之后，不是采取主观主义的态度任意对待之，而是想方设法在火热的实践领域中为之开辟现实化的道路，使之能够真正促进社会的发展和人类的进步。而从总体上看，社会发展理论正是循此而一步步形成和发展起来的，所以理所当然地具有高度的科学性。

社会发展理论具有鲜明的价值性特征，这主要体现在这一发展理论的价值立场和目标追求上。从价值立场来看，马克思早在中学时就树立了为全人类的幸福生活而奋斗的伟大志向，这一志向在其后来的理论探索和实践发展中，不但没有丝毫削弱，反而得到了进一步的强化，而且马克思更加清醒地认识到，要想实现全人类的幸福生活和自由解放，就必须在进行革命斗争的同时，全力开展人类社会存在形态和发展规律等方面的深入研究，并且时刻注重以科学的理论来指导和推进革命的行动，只有这样，才能事半功倍，最终实现全人类向“自由王国”的伟大飞跃。马克思也正是以此为坚定不移的价值立场来形成和建构自己的社会发展理论的。而从目标追求来看，社会发展理论所追求的并不是某些人、某些阶级的自由解放和全面发展，恰恰相反，它所追求的是每个人自由而全面的发展，并且坚定地认为，没有每个人自由而全面的发展，就不可能有真正的全人类的幸福生活和美好明天。而所有这些，无不彰显出社会发展理论鲜明的价值性特征。

更为重要的是，科学性与价值性在马克思社会发展理论中，并不是彼此孤立存在或者单独发挥作用的，而是以辩证的方式统一在一起的，也就是说，马克思一方面在强烈而鲜明的价值立场和目标追求的指引下开展具有高度科学性的社会发展研究工作，另一方面从社会发展的科学研究中凝聚和积累起最为充沛的精神力量，不断激励自身为全人类的自由解放和幸福生活奋斗终身。

（二）普遍性与特殊性的辩证统一

社会发展理论所阐发的人类社会存在和发展的一般性规律，诸如生产力决定生产关系、经济基础决定上层建筑等，均具有普遍性的特征，不仅在马克思生活的那个时代如此，在我们今天亦复如此，甚至在这些规律性的认识还远未进入人们的理性视野之时，如在漫长的古代世界，它们就在以不因人的意志而转移的方式实际地发挥作用了。也就是说，社会发展理论所阐明的那些一般性的社会存在和发展规律，虽然是以理论的方式呈现出来的，但它们却是我们置身其间的这个客观存在着的人类社会本身所固有的存在方式和运行机制，唯其如此，马克思所阐发的这些一般性的规律才具有最为真实、广泛的普遍性，不论是迄今存在过的还是存在着的所有人类社会种种具体的组织形态，都必须遵循这些规律而存在和发展。

与此同时，社会发展理论还具有特殊性，尤其是在世界各国社会发展道路的具体选择问题上，这种特殊性更加明显。在马克思看来，社会存在和发展的那些一般性规律，毫无疑问，具有普遍性，这种普遍性是任何具体的社会形态都不能摆脱和抹杀的，但是这并不意味着这些一般性规律所发挥作用的具体形式和样态只能有一种，必须是千篇一律、“万人一面”才行。在他看来，不同民族和国家显然在地形地貌、自然矿藏、人口人种、文化习俗、宗教信仰、发展水平等方面存在极大的差异，这些差异尽管不能在根本性的意义上彻底消除和摆脱社会存在和发展必须遵循的那些一般性规律的制约和支配作用，但毫无疑问，受这些差异的影响和干扰，那些一般性规律必定会以不同的形式和样态表现出来，其结果就是，不同的民族和国家在发展道路等问题上很自然地呈现出差异化、多样性的趋势和特征。社会发展理论不但不否认这些差异化、多样性趋势和特征存在的合理性，而且极力强调和主张不同国家和民族在选择自己的具体发展道路时，应该充分考虑自身特点，力争做出符合国情、符合实际、符合时代要求的正确选择。

（三）批判性与建构性的辩证统一

社会发展理论具有明显的批判性特征，这主要体现在以下几个方面：其一，马克思许多重要的理论著作都是直接以“批判”字样命名的，如马克思在深入研究黑格尔的法哲学理论时而留下的理论文本《黑格尔法哲学批判》；马克思与恩格斯合著的《神圣家族》，其副标题就标有这样的字样——“对批判的批判所做的批判”；马克思在深入研究政治经济学后，于 1859 年出版的经济学著作《政治经济学批判》；而马克思一生中最为宏富的著作《资本论》，其副标题也是“政治经济学批判”等。其二，社会发展理论不同于其他发展理论的地方就在于，马克思并不是单纯地在研究社会发展过程中所涌现出的那些表面现象和枝节问题，而是致力于深入挖掘这些现象和问题来批判蕴含在物化关系背后的那种人与人之间的异化关系，并通过这种异化关系的扬弃来促进社会的全面发展。其三，社会发展理论的批判特征，除了表现在理论领域之外，还直接与无产阶级现实的革命斗争联系在一起，因为在马克思看来，“批判的武器”和“武器的批判”只有结合起来，两相配合、相互为用，才能真正推动全人类解放事业不断向前迈进。

作为一种科学的发展理论，马克思社会发展理论还具有最为鲜明的建构性特征，这主要体现在以下几个方面：其一，马克思社会发展的一般性理论（主要指与唯物史观相重叠的那部分理论），第一次把科学的理性之光照进了长期以来被芜杂丛生的种种主观主义臆测所霸占的历史领域，实现了人类思想史上的壮丽日出，仅此一点就证明了马克思社会发展的一般性理论所具有的强大建构功能。其二，除了表现在历史观层面的建构性特征外，马克思社会发展理论的建构性特征还表现在一系列具体的科学理论的建构上，如马克思之前的政治经济学家，包括英国经济学家亚当·斯密（Adam Smith）和英国古典政治经济学大卫·李嘉图（David Ricardo），他们经常谈论的是劳动创造价值，而马克思认为，这种说法不够确切，科学的表述应该是劳动力创造价值，尤其是在现生产的条件下；又如，被恩格斯誉为马克思“两大发现”之一的剩余价值理论，更属于原创性的伟大科学理论；再如，马克思在研究资本主义扩大再生产的过程中所提出的两大部类的划分理论。

第二节　社会治理的理论基础

一、新公共管理理论

新公共管理理论是一种完全区别于传统公共行政模式的政府改革创新，对政府、社会、公众三者之间的联系提出了全新的见解。由此，新公共管理的基本内涵包括以下几点。

（一）实行专业化的公共管理

新公共管理理论提倡在政府组织中录用具有专业化管理技能的工作人员和具备专门管理技术知识的人员来担任政府的管理者，授予他们职、责、权，让他们可以灵活应对不断变化的外部环境并相应地改变行政决策，参与到政策制定的过程中。让公共管理者成为真正的管理人员，而不仅仅是执行命令的人。同时，政府将权力下放给个人后，也就意味着领导要承担更大的责任，领导要对政治事务负起相应的个人责任，从而更好地为公众提供公共服务，满足公众不断变化的需求。

（二）引入市场化取向的管理理念

新公共管理理论强调在政府公共管理部门内部根据私营企业的管理经验进行改革，破除私营机构与政府公共管理部门之间的界限，并且主张市场要存在于公共部门中。运用市场的力量促使公共部门与私人机构之间展开激烈竞争，在竞争中提高公共服务的质量，形成优胜劣汰的形势，从而让公众获得更好的服务。同时，政府的主要职责变成根据顾客提出的需求来提供相应的公共服务，而不是依照政府自身意愿进行。政府以顾客为导向能够更好地满足公众多样性的需求，对提高政府的服务质量、效率和灵活性起到很大作用。

（三）重新定位政府和民众的角色

在传统公共行政理论中，官僚只是一种听从政府指挥的工具。而新公共管理理论着重于重新理解政府与民众的关系，并强化政府公共管理部门之间的联系，让非政府组织也有资格提供公共服务，使权力分散化。此外，将公众比成顾客，凸显结果导向的重要性，这样顾客就拥有更多的选择权。政府为满足顾客的多样化需求，不再是政策的执行者，而是更多地参与到公共政策制定的过程中，因此政府与公众之间的角色发生了改变。

二、新公共服务理论

（一）新公共服务理论的产生

西方社会管理相关理论成长至今能够概括成三个阶段：基础理论采用官僚制理论、立足于政治和律法的传统公共行政阶段属于第一阶段；新公共管理运动兴起后以新公共管理理论指导西方公共行政改革、建立在经济思考和市场思考之上的新公共管理阶段属于第二阶段；揭批新公共管理追求超越效率的思潮下强调民主标准及社会标准的新公共服务阶段属于第三阶段。

20 世纪 70 年代以来，欧美各国政府机构臃肿、财政赤字剧增、公信力下滑，传统的公共行政管理既无法解释政府面临的各类新问题，又提供不了有效的理论指导。西方行政管理面临严峻的挑战，掀起变革政府之大潮，新公共管理理论崭露头角。

在欧美逐步推动政府行政变革的同时，新公共管理的现实运用进入深水区，公共性、公平性和公民性不足等短板逐步体现，新公共管理存在的各类内生问题和潜在冲突引发社会对其揭批。对于其理论精华企业家政府理论中显现出来的各类短缺之处，以美国南加州大学公共政策学院教授珍妮特·登哈特（Janet Denhardt）、罗伯特·登哈特（Robert Denhardt）为领袖的众多社会行政专家学者在批判的基础上创设了一套公共行政理论，即新公共服务理论。

（二）新公共服务理论的内容

新公共服务，推敲了公共行政与以人民为中心的国家治理体系的关联，重点论述了公共行政和人民的关联、公共行政与社会治理体系的关联。新公共服务理论由民主社会的公民权理论、社区和公民社会模型理论、组织人本主义及组织对话理论、后现代公共行政理论四部分构成了其基础，并从以下七个方面系统性地阐述了基本理论内涵。

①服务于公民，而非为顾客提供服务，这是对政府服务群体的强调。政府及其工作人员必须将工作重点投注在人民群众上，并在与人民群众的协作中逐步树立信赖，而不是只关注“顾客”这一新公共管理理念下的产物。

②追求公共利益，这强调了政府服务的核心内容。公共利益不同于个人利益简单求和，其源自个人利益却又超越个人利益，具有集体性、共同性的属性。公共利益应处于政府社会服务的核心。

③对人民权益的重视要远胜于对企业家精神的重现，这强调了政府工作人员的角色定位。在新公共管理中，具有企业家精神的行政官员更趋向以配置个人财产的方式管理公共资金，缺少了公民对民主治理的参与。新公共服务理论提出在社会治理中，国家理应重视人民权益，为人民群众获得教育提供帮助，倾听人民群众的心声并做出回应，鼓励并积极促成人民真正参与公共政策的制定，对人民群众和其他团体等多方利益进行经营，以便创造出共同利益。

④具备前瞻性的思考，基于民主性的行动，这强调了政策制定和执行过程。在政策制定时应通过集体努力与协作来设计满足公共利益需求的政策，在政策执行时可以通过公民教育提升公民的参与意愿，落实公民参与的民主性。

⑤承认责任并不简单，这是对行政责任的强调。传统公共行政认为责任是坚

守已经确定好的法律、标准、规则与程序；更进一步的观念提出新公共管理的责任在于通过管理得出绩效并使接受服务的“顾客”满意；新公共服务理论进一步指出，政府工作人员的职责并不单一，在提高人民参与度的情况下，关注专业责任、法律责任、政治责任、人民责任和人民利益。

⑥服务，而不是掌舵，这强调了公共管理的政府行政管理模式。以公共利益为核心，政府应引导人民准确表述需求并以人民公共利益为先，避免一味试图支配或执掌社会大船前进的航向。

⑦重视人，而不只是重视生产率，这是对人类行为动机假定的强调。新公共服务理论指出，人民的尊严、信任、归属感、协作乃至以公共利益为基础的群众集体意识都会促使人民群众对责任、人民权益以及公共利益有所呼应，进而进行合作和共同领导，从而使社会运行更加成功。

三、多中心治理理论

（一）多中心治理理论的概念及特征

多中心治理是由“多中心”和“治理”构成的复合概念。自由主义思想家迈克尔·博兰尼（Michael Polanyi）首先提出了“多中心”的概念。美国政治学家埃莉诺·奥斯特罗姆（Elinor Ostrom）与文森特·奥斯特罗姆（Vincent Ostrom）夫妇于20世纪90年代提出了多中心治理理论，指在治理公共事务时，要以自主治理为基础，在整个治理过程中，可以有多个行动主体参与，并且在进行提供公共物品或服务的集体行动时需要遵循共同的组织机制。例如，个人、政府、企业等进行互动，各主体要按照共同的集体行动规则，通过博弈、彼此调试，共同合作实现集体目标，但法律在整个过程中不可被逾越。而合作是“治理”主要关注的，并且是以市场原则、集体行动、公共利益为基础进行的，其机制主要依靠以“多元的、上下互动的权力向度”为特征的合作网络权威。

多中心治理包括以下五个特征：第一，治理主体的多中心。在多中心治理中，强调多元主体参与治理，除了政府外，还包括公民、企业、社会等多方力量，且彼此平等，形成了“多元主体合作，共同发挥作用”的治理格局，但政府仍在整个治理过程中占据主导地位。第二，治理权力的非垄断性。在一元治理中，政府多数是“独权”的，而多中心治理提倡政府角色的转换、非政府角色的主动参与。各行动主体均享有一定程度的且相对自由的决策权。第三，治理方式的合作—竞争性。在多中心治理过程中，多元治理主体间可以围绕治理中的关键问题展开各自的治理实践，但同时要形成合作共治的结构。一方面，适度竞争可以促使各治理主体不断完善自我，以增强其治理存在的有效性；另一方面，合作共治可以互相补充，实现最优治理效果。第四，多中心治理的基础是自主治理。多中心治理要求多元主体，当面对共同的责任和机会时，则需要各治理主体进行自主治理，彼此合作为公民提供更优质的服务。第五，治理结构的网络化。在网络化的治理结构中，多个治理主体都可以被联系在一起，实现资源的交流与共享，突破传统的权力层级的限制。

（二）多中心治理理论的运作规则

对于多中心治理而言，其合法性基础是民主政治的发展，正当性基础是能否在当代社会治理过程中构建多元的共治网络。在以上基础上，要想达到多中心治理的良好运作，需遵守以下规则：相互承认的法权、相互承诺的信任、相互尊重的规制。

“相互承认的法权”是指治理主体的政治身份彼此认同，因为多中心治理的目标是有效治理某个公共事务，因而形成了统一的治理网络。在该治理网络中，为了相互承认的法权在多元主体间得以实现，必须在政治身份上认同多元主体，进而形成在治理网络中的尊重，营造良好的信任氛围，最终形成多元主体合作的治理模式。

“相互承诺的信任”是指在治理集体公共事务时，多元治理主体间要构建相互承诺的信任机制。只有建立起多元主体间的信任，才能奠定良好合作机制的坚实伦理基础，有益合作才能在彼此间实现。政府、企业、公民等多主体之间联合治理公共事务，各主体间的信任是保障该治理有效进行的秩序基础。

“相互尊重的规制”是指在治理公共事务时，多元主体要建立基于公共责任的相互尊重的规制。这一要求可以保证多中心治理实现规范化和有序化。与此同时，还应当意识到没有适当监督的规制是不完善的，因此，在制定了规制之后，需要进行有效的监督。

四、网络化治理理论

美国哈佛大学教授斯蒂芬·戈德史密斯（Stephen Goldsmith）和美国德洛伊特研究所资深研究员威廉·埃格尔斯顿（William Eggleston）联合编著的《网络化治理：公共部门的新形态》中首次提出了网络化治理。网络化治理是通过公共部门与私营部门、非营利公共组织以及民众等多元主体间相互合作的参与治理模式。中国人民大学哲学博士陈振明在《公共管理学》中指出，网络化治理是指为了实现与增进公共利益，政府部门和包括私营部门、第三部门或公民个人在内的非政府部门等多元公共行动主体彼此合作，在相互依存的环境中分享公共权力，共同管理公共事务的过程。可见，网络化治理主体多元，包括政府、企业、非营利组织、个人等，且各主体独立自主享有权力的同时，在处理公共问题时又相互依赖；网络化治理为处理复杂性公共事务引入非政府多元参与主体，引进新的机制——合作机制；在网络化治理中，沟通、协商是多元参与者之间的互动手段；网络化治理的目标是实现公共目标，提升公共价值。在网络化治理中，多元治理主体间是联通合作的关系，治理权力在多元治理主体间是开放的、共享的；治理对象具有多样性和复杂性的特点；治理结构复杂且富有弹性，各参与主体享受高度自愿性和相对自由性，参与主体间相互协作、彼此信任；治理规则具有人性化的特点，除正式的法律规制外，还包括非正式的道德与意识信仰等的约束；治理机制表现为治理主体在适应复杂环境的前提下，彼此信任、相互合作，并通过协商、整合形成一致的治理方案。

网络化治理具有明显的优势特征。首先，网络化治理强调多元主体间的目标一致，多元主体在平等参与的基础上，通过沟通实现信息与资源共享，通过协调达成合作，实现公共利益最大化的目标，进而实现公共治理的整体性。其次，政府与非政府主体间的关系趋于扁平化，由命令服从关系向合作伙伴关系转变，调动了多元主体的积极性。非政府组织及个人的广泛参与有助于引进非政府公共部门、营利组织、学术研究机构、个人等主体的专业知识及技能，提高治理的专业化水平。最后，纵横交错的网络关系实现了治理主体间、治理主体与治理对象间的灵活联通，增强了治理的灵活性与动态性，有助于及时发现并解决问题，提高了治理效率。

五、数字治理理论

数字治理的概念有广义和狭义之分。从广义上讲，数字治理不是信息通信技术（ICT）在公共事务领域的简单应用，而是一种与政治权力和社会权力的组织与利用方式相关联的社会—政治组织及其活动的形式，它包括对经济和社会资源的综合治理，涉及如何影响政府、立法机关以及公共管理过程的一系列活动。从狭义上讲，数字治理是指在政府与市民社会、政府与以企业为代表的经济社会的互动和政府内部的运行中运用信息技术，简化政府行政，简化公共事务的处理程序，并提高民主化程度的治理模式。

数字治理理论是治理理论与互联网数字技术结合催生的新的公共管理理论范式，它的代表人物是英国数字治理的研究代表帕却克·邓利维（Patrick Dunleavy）。他强调信息技术和信息系统对公共管理的影响，主张信息技术和信息系统在公共部门改革中起到重要作用，从而构建公共部门扁平化的管理机制，促进权力运行的共享，逐步实现还权于社会、还权于民的善治过程。数字治理理论的核心是将大数据、云计算、物联网、人工智能等技术应用到政府管理中，以提升政府的管理效率，提高政府的服务水平和公民的参与度。随着服务型政府建设的推进，电子化政府在世界范围内的建设已初具规模，而数字治理理论亦逐渐扩展到城市治理领域，智慧整合城市资源并与电子政府互联共通，催生出智慧城市的发展战略。

六、协同治理理论

（一）协同治理理论的产生和发展

协同理论亦称“协同学”或“协和学”，是著名物理学家赫尔曼·哈肯（Hermann Haken）于1971年提出的概念，并且他在1976年对协同理论进行了系统的论述，从治理理论发展到协同治理理论。对于治理的内涵，英国曼彻斯特大学教授格里·斯托克（Gerry Stoker）关于治理的论述最具代表性，他认为治理主体不局限于政府，任何能得到公众认可、具有合法性的公共或私人机构都可能成为所属领域的权力中心，政府不再充当国家唯一的权力中心。治理的核心论点是去中心化与多中心，其中包括协同、共享等内容。协同与之不同，是指因共同目标促使不同参与者一起合作。协同治理理论包含两个方面，具体是自然科学的协同论与社会科学治理理论的交叉结合，属于新兴理论。协同治理中的“协同”一词凸显了治理需要遵循的核心原则，要求多元社会主体不只是合作关系，也不是简单地叠加各自的功能，而是均有责任和义务参与合作管理的伙伴关系，任意一方都可能影响协同治理的有效性。协同治理理论倡导多个利益相关主体对社会公共事务共同参与、协同处理，其本质是在公共事务处理中构建起不同治理主体协调配合的关系，弥补政府、市场、社会“单打独斗”的劣势，在低成本中达到社会利益最大化。

（二）协同治理理论的内涵

协同治理理论指出，系统整体取得成功的关键是系统内的参与主体之间相互配合、相互协作。在系统中，各个单元之间都不是独立的，而是相互作用、彼此影响的。只有系统内部的每一个单元围绕共同的目标协作一致、密切配合，所产生的效能才能远远大于单打独斗。因为如果单元或主体没有统一的行动目标，各自向不同的方向发力，单元之间会造成干扰与制约，无法形成合力，从而造成整个系统的工作效率非常低，甚至造成资源浪费。只有各单元密切协作，才能形成合力，高效运转，特别是运用在社会公共事务治理中，能够提升治理效能。

（三）协同治理理论的基本特征

一是主体多元化。协同治理不仅要求政府参与，还要求除政府之外的其他社会主体或个人参与到对公共事务的治理中，各司其职。二是政府主导。协同治理虽然强调了政府不是唯一参与方，与其他社会主体是合作关系，但政府在治理过程中仍然掌握着目标任务和资源，能够为相互协作提供资金支持和组织保障，从整体角度考量，及时纠偏，引导各方按照既定目标共同努力。三是公共性。协同治理的对象一般为公共事务。四是遵守共同的规则。协同治理只有制定同一个目标规则，才能使多方主体共同为之努力，才能取得应有的成效。五是互动性。在一个系统内，主体间各司其职只是基础工作，协调治理要求的是相互配合和协作，这就要求主体间必须产生互动，通过共享信息和资源，形成凝聚力，才能取得一加一大于二的效果。

七、平台型政府理论

2009 年，奥莱利传媒公司创始人蒂姆·奥莱利（Tim O'Reilly）首次提出“平台型政府”的概念，强调政府是促进集体协作的基础性平台。政治与公共管理学院教学秘书韩万渠等人认为，平台型政府是为解决跨界社会治理问题，以平台技术和平台思维为支撑，以政府为主体组建的制度化协同体。随着我国经济社会的不断发展，社会问题越来越复杂，特别是中国特色社会主义进入新时代，人民日益增长的美好生活需要和不平衡不充分的发展之间的矛盾越来越突出，传统的政府单项管控方式往往难以有效应对，或者应对起来费时费力、高成本低效率、顾此失彼，这就对治理主体的多元参与、打造合作治理体系提出了新要求。随着电商购物、网约车等平台型经济的活跃发展，数字政府研究不断深入，集公共管理、社会参与、网络技术应用于一体的平台型政府理念逐渐进入政府公共管理部门的视线。政府通过互联网等手段搭建链接社会治理供需主体的合作平台，健全必要的制度规则、提供必要的服务，充分调动人民群众、社会组织、企事业单位等各方面治理主体的积极性，以最小的成本、最快的效率实现社会问题的系统、精准、高质量解决。关于平台型政府理论，参考国内学者的研究，平台型政府是政府以提升公共管理和公共服务效率、增强社会治理效能为目标，以满足人民日益增长的美好生活需要为出发点，转变传统的“家长式”管理控制模式，借鉴平台经济模式，搭建包括网络平台在内的各类稳定的、开放的社会主体参与平台，建立完善平台运作制度机制并进行必要的管理服务，引导、撮合、协调和监管多元主体共同参与社会治理，实现低成本、高效率、强共识地有精准性、系统性地解决问题目标，打造党委领导、政府负责、社会协同、公众参与的共建共治共享的新型政府治理模式。

八、智慧治理理论

（一）智慧治理的内涵

当前，以大数据、云计算、AI 等为代表的新一代信息技术正在重塑社会的生产和发展以及人们的生活和思维方式，这些技术的应用边界不断拓展，人们对它们的认识也逐渐从经济和科技发展走向国家治理之维。

一般认为，“智慧治理”是在20世纪末“智慧城市”建设、“智慧社区”建设等城市数字化转型背景下发展起来的概念。作为一种管理手段，智慧治理具有鲜明的技术导向，能够以相对简单的图像、数据简化复杂的现实场景，提升治理效能。关于智慧治理的概念至今没有明确的界定，经济、社会、环境等都可能成为智慧治理的内容。综合既有研究，对智慧治理概念的认识大致可分为以下三类。

一是作为一种技术的智慧治理。智慧治理就是将城市的各个部分整合为一个“以信息技术为基础的具有创新性的城市生态系统”。另外，智慧治理以提升公共服务智慧水平为目标，通过技术嵌入使各类城市场景更加智能。

二是作为一种城市管理方式的智慧治理。智慧治理应以推动城市化为发展目标，通过打造便捷高效的政策体系和服务体系吸引更多人口聚集到城市；智慧治理同时结合了技术优势和公共价值，应将其作为一种城市发展策略，推动科技、文化、环境等各方面的整体性发展，从而增强城市发展的可持续性；大数据时代将推动政府的智慧治理，政府通过掌握大量信息数据来提高公共服务水平，促进政府决策科学化和管理精细化。此类观点主要将智慧治理视为管理手段的变革，是促进城市发展的一种新方式。

三是作为一种治理模式的智慧治理。这一观点将智慧治理视为社会治理中具有技术特征的治理方式，能够推动治理思路、治理架构、组织结构等要素的转变。在信息开放的社会环境里，公民和社会组织等更可能参与到政府决策和与政府的互动中，从而促进治理主体的多元化；智慧治理为公民提供了自下而上与政府沟通的机制。此类观点也是目前国内学者认同的主流观点。

在此采用第三种观点，即将智慧治理视为一种新的治理模式。具体而言，智慧治理就是随着现代信息技术的发展，在政府的主导下，将智慧技术逐步嵌入社会治理过程，它能使政府、市场、社会等主体共同参与公共事务管理，降低参与门槛，汇聚治理资源，最终提升治理的有效性。

（二）智慧治理的特征

智慧治理下的技术赋能改变了传统的治理状态，在治理主体、治理过程和治理效果上展现了独特的治理优势。

1. 治理主体上的多元性

法国历史学家、政治家阿历克西·德·托克维尔（Alexis de Tocqueville）曾说，一个国家的制度无论有多完善，都无法掌握社会发展的所有细节。在一个正变得更加复杂的社会里，合作治理的出现是合乎时宜的，也是必要的。大数据时代的到来加速唤醒了社会主体的权力意识，使个体更清晰地感知到个体产生的数据之于社会治理的价值。治理主体范围扩大的动力源于智慧治理的双向赋权，一方面智慧治理赋权于政府，通过打通政府内部的数据壁垒，改变了以往政府治理各自为政的状态，增强了治理的整体性；另一方面智慧治理赋权于社会，拓宽了公众参与社会治理的渠道，为社会实现自我治理提供了有效途径。

2. 治理过程上的互动性

德国社会学家乌尔里希·贝克（Ulrich Beck）指出，“在一个充满不确定性的社会中，那些不可预料的、意料之外的结果成了历史和社会发展的主宰”，因此为提高政府的风险控制能力而加强信息的上传下达是非常必要的。智慧治理通过构建以数据共享为基础的跨部门、跨主体的协同体系，以数字化、精准化的动态监控实时汇聚各方信息，将社会组织、社区志愿者等力量纳入治理体系，从而有效降低了治理供给与治理需求的不匹配性，推动“整体智治”治理状态的达成。

3. 治理效果上的可视性

政府绩效评估是提升政府治理效能、推动政府治理创新和改善政府与公民信任关系的重要一环。传统意义上的政府绩效考核由于考核内容难量化、考核标准不统一、考核结果不透明等，其科学性、权威性备受各方质疑。随着智慧治理的发展，互联网技术的引入为政府绩效评估提供了新的评估方法，形成了被考核机构和第三方机构共同提供绩效评估元信息的“双线”考核机制。

智慧治理的优越性在于，通过城市监控等“城市眼”能直观地检验如城市环境、违章停车等方面的治理效果，指挥中心对数据的汇集分析也为评估提供了可靠的考核依据，增强了工作效果的可视性和可量化程度。

九、马克思主义经典作家的社会治理思想

中国的国家现实和文化特性有别于西方，因此在理论应用上需要仔细权衡考量。在具体的实践中，照搬不同地区、不同时代的方案是不明智的，要善于灵活运用马克思主义理论，将理论与中国问题结合分析我国社会治理问题，提出社会

治理对策和建议，重塑社会治理的价值取向，推动中国特色社会治理的理论和实践朝着正确的方向发展。

（一）马克思恩格斯的社会治理思想

1. 社会治理主体广泛

（1）国家

原始社会，人们都是从自然界中获取生活资料，产品单一，物质生产简单，这是生产力水平极端低下的表现，社会处于自发松散的自我管理状态。随着生产力水平的逐渐提高，阶级产生，人类进入阶级社会。国家作为实现统治阶级利益的暴力工具在阶级斗争中迅速形成，占主导地位，代表整个社会，参与社会公共事务。但实际上，在资本主义制度下，国家成为阶级的代表，代表统治阶级的意志，专门为统治阶级服务。而且国家在阶级斗争和矛盾中起调节作用，维护社会稳定。

所以，马克思认为国家职能应该由统治职能和社会职能两部分组成。无产阶级夺取政权后，国家机器被打破，统治职能逐渐弱化，但社会职能中治理公共事务的职能被保留了下来并逐渐变强。其中包括维护社会秩序、保护共同利益、营造良好社会环境等。进入共产主义社会后，随着阶级的消失，国家的阶级统治性不断削弱，最终全部职能都会消亡。到那时，国家权力将完全与社会融合，其职能完全复归社会。

（2）市民社会

马克思在预判未来时，深入研究了市民社会。他分析了资本主义社会商品经济关系，伴随着生产力的发展，商品的生产、分配、消费、交换的循环将会频繁出现，市场经济关系高度发达时，市民社会就此形成。他并不认为市民社会如同黑格尔所说的那样是由国家决定的，而应该是“直接从生产和交往中发展起来的社会组织”。这个社会组织包括民间组织、家庭、个人等。他从经济角度分析了市民社会，认为市民社会决定国家。马克思批判资本主义市民社会的治理形式时指出，在社会主义社会，随着高度发达的社会组织的形成与建立，以往政治组织凌驾于社会之上，要逐渐转变为服务于社会的社会组织，即国家的政治职能要彻底转变，治理主体应当从国家发展到国家与社会，在国家与社会关系的权衡中，国家要放权于社会，转变职能，这样可以让市民社会逐渐发展成为民主自治的社会组织。

（3）人民

巴黎公社经验让马克思更深刻地理解了人民的意义。公社所采取的各项具体措施，只能显示出走向属于人民、由人民掌权的政府的趋势。也就是说，公社治理要代表人民利益，人民也要参与公社治理，这里的人民包括工人阶级、农民、中产阶级。

首先，无产阶级取得政权后，必须铲除旧的国家政权，建立新政权，要对公社进行治理。工人阶级代表作为公社委员投身公社治理中，成为公社治理的主体，在治理实践中维护人民群众的利益。

其次，农民是法兰西战争的最终受害者，他们要承担巨额战争赔款，但是公社以对农民最有利的方式解决农民面临的问题，维护农民的利益。农民也就紧紧围绕在公社周围，主动参与公社治理，选出为自己负责的公社勤务员。

最后，富有的资本家对店主、手工业者和商人进行杀戮、剥削和压制，让这些中产阶级不得不承认公社的伟大，认为公社有能力从思想上、身体上把他们从僧侣的压迫中解放出来，最终他们也同工人阶级、农民一样，团结在公社周围，成为公社人民的一部分，参与公社的治理。

简言之，公社治理中，人民实现自己当家作主，包括行使人民主权、人民普选、人民监督等行为。人民将成为公社治理的主体力量。

2. 社会治理内容多样

满足人们的生活需要是社会治理的根本任务。马克思在探索人类解放之道时发现，人们“为了生活，首先就需要吃喝住穿以及其他一些东西”，这是人类解放的前提。人们为了基本生活不断进行物质生产活动，当物质生产积累到一定阶段，人们的生活基本上能得到保证后，一些更高层次的需求相继出现。社会治理同样也要随着社会的进步、生产力的发展提升为更高层次的治理。为了实现高层次治理，要从多方面入手，满足民生需要。

（1）满足教育需要

马克思认为，未来和谐社会的建设者不仅重视物质财富，也会更加重视精神财富，他们摈弃旧观念，代之以新观念。那么教育就显得格外重要。要想促进人的全面发展，必须发展教育事业。马克思所谓的教育是面向无产阶级及其子女的教育，尤其是儿童。他重视儿童教育，要求工厂不得使用童工，儿童应当走出家庭去接受社会的普及的教育。他的教育主张极大地鼓舞了广大工人阶级努力争夺受教育的权利。

（2）满足劳动就业需要

劳动就业是指劳动者参与某种社会活动并从中获得一定报酬来满足生活需要的活动。也就是说，为了生存人们必须进行劳动，人人都有劳动就业的需要，它是人们最本质和首要的需要。马克思认为，劳动者应当享有普遍就业的权利，要调动劳动者参与就业的积极性。在劳动力分配方面，他要求合理分配劳动力，一方面避免在资本主义生产方式下造成的生产资料和劳动力的浪费，另一方面可以在生产全程让劳动者成为主人。

（3）满足社会保障需要

社会保障是当物质资料生产遇到风险或不确定因素，影响人们正常生存时，社会给予人们保证基本生活的物质帮助。马克思认为，当遇到自然灾害和意外事故时，国家有必要使用后备基金对弱势群体进行救济，建立生产资料和劳动力的保障制度。而且，社会应当为年老、不能参加生产劳动的人们提供保障措施，解决他们的生存问题。由此可见，社会保障对于每个人都是必需的。

（二）列宁社会治理思想

列宁是无产阶级的革命导师和社会主义现代化道路的奠基人，他在主客观治国理政活动中，正确把握了批判性与建构性相统一的本质，不失时机地进行必要的调整，成功创建了第一个社会主义国家，并紧密结合苏联实际，推动了马克思、恩格斯社会治理思想的成熟，巩固了马克思新生政权。

1. 尊重人民的主体地位

列宁再次肯定了人民群众是历史的创造者，同时明确了人民群众在社会管理事业中占据不可替代的地位。他认为，“社会主义”是一种组织群众、管理群众的方式，既有利于社会主义革命，也有助于社会主义建设和实现共产主义社会。他还指出：“社会主义是人类历史上最伟大的事业之一，它要求人们具有高度的觉悟并有充分的知识作为基础。”他强调要加强教育工作。他还认为，社会主义国家没有固定形式与必遵模板，社会主义国家的社会管理主体不局限于执政党，还包括社会主义国家中的每个个体。

社会管理的科学进步首先需要充分认识到人民的主体地位，其次要积极吸引广大劳动人民参与管理，提升人民群众在社会管理上的科学能力，充分调动人民群众的社会管理主动性，让人民群众主动参与到社会管理中。社会治理的核心是“人民主体”的理念不是空而泛之，而是具而化之，是对人民群众在社会治理中的地位和作用的充分肯定。只有人人参与、人人努力、人人奉献、人人完善，才能真正实现社会主义的光明灿烂的图景。

2. 强调共产党的领导核心地位

列宁高度重视共产党在无产阶级解放事业中的决定性领导作用，并且在苏联社会主义革命与建设中多次强调这一点。列宁认为，无产阶级革命和建设事业的领导核心是无产阶级专政的保障，也是社会主义建设的领导核心。此外，强调这一点还不够，列宁还认为，在社会治理中，要正确处理党和国家机构的关系，坚持党的领导原则，加强党的建设，严格执行民主集中制，密切联系群众。这既是维护党中央权威的需要，也是最恰当的方式，强调党的任务就是“总的领导”。总之，在社会治理过程中，既要突出党的领导作用，又要明确党政职能定位，使社会治理逐步走向有效、无往不胜。

3. 要通过贯彻民主集中制，推动实现社会共建共治

列宁认为，民主集中制要区别于官僚主义和无政府主义。在技术和经济层面都要凝聚共识和统一的意愿，任何希望追求社会主义的人都必须遵守这个条件。中国共产党在长期领导革命、建设与改革的实践中积累了丰富的政治经验和宝贵的历史智慧，其中最重要的一条就是：要坚持党的领导，加强党的建设；必须坚持群众路线，密切联系群众。中国作为一个新兴超大规模国家，面临着艰巨复杂的改革、发展、稳定任务，特别是进入新时代以来，必须围绕党的建设新的伟大工程，把握关键问题，创造性地将党的执政能力和水平提高到更高的水平。

4. 社会治理需要与法治化建设齐头并进

苏维埃政府取得俄国十月革命的胜利之后，列宁开始采取法制建设的策略来促进国家的经济、政治和文化发展。20 世纪初，俄国进入社会主义阶段后，列宁又提出了法治国家理论。他在制定完善相关法律法规的同时，还建立了一系列制度机制，要求全民守法，监督执法。制度与法律对社会具有双重影响，它们不仅稳定了社会，又制约着社会的主体，规范着其行为，对社会矛盾的化解起着关键

作用。随着时代的变化，列宁对国家与社会关系进行了反思和批判，提出“人民主权”思想并将之贯穿于整个社会主义时期的立法实践之中，尤其是新经济政策实施后，列宁认真思考国家治理和社会治理问题，在总结多年执政经验的基础上，认识到在社会发展、经济繁荣的进程中，法律制度在保障权益、维护公平正义方面发挥了重要的作用。

因此，建设社会治理共同体也必须是法治的基本前提和根本保证，必须将民主法治建设摆在重要的位置，进一步完善现有的法制体系，以法治的思维和法治的方式推进社会治理的共同体建设。

马克思、恩格斯、列宁的社会治理思想共同构成了经典马克思主义社会治理思想。马克思和恩格斯立足于社会发展实际，批判资本主义国家社会治理乱象，认为资本主义制度会加速国家内部矛盾的激化，大大阻碍生产力，当社会发展到一定阶段，社会主义制度会代替资本主义制度。在总结巴黎公社的治理经验时，他们批判地吸收资本主义民主，预判未来共产主义社会的发展趋势和治理特征，发现了人类社会发展的规律，提出了重要论断——人民群众在创造历史，这一表述形成了马克思主义社会治理思想的理论基础。在他们的所有著作中虽然没有完整的对社会治理这一概念的定义，但其中涉及的最一般的人类社会发展原则问题，为社会治理创新提供了科学的方法指导。

列宁带领俄国无产阶级进行社会主义建设，巩固政权，发展经济。实践中，他以马克思恩格斯社会治理思想为指导，创造性地提出如何对经济、文化落后的社会主义国家进行社会治理的思想，在其重要讲话和著作中都可以看到他治理俄国的新思想。列宁不断进行社会治理思想理论和实践的新探索，在科学的思想指导下，开创了社会主义国家社会治理的新局面，进一步丰富了马克思恩格斯社会治理思想的内涵。

在人类社会发展历程中，任何一种思想都是从理论到实践，再由实践到理论这样辩证发展的，马克思主义社会治理思想也是如此。列宁在论述社会主义时，辩证分析理论与实践的关系，认为理论在实践的检验过程中不断拥有活力，理论需要实践来修正。

所以，当马克思主义传到中国后，马克思主义社会治理思想成为中国革命胜利、人民政权建立、社会建设中的各项社会事业推进的行动指南。马克思主义社会治理思想指导中国社会治理实践不断向前发展。新时代，人们对美好生活的需要已经超过对基本物质的满足，开始更多地追求社会公平公正、社会民主法治、社会安全稳定，以便拥有更多获得感、幸福感和安全感。

十、中国共产党人关于社会治理的理论

中国共产党人在自身的治理实践探索中，形成了具有中国特色的社会治理理论，能为我国社会治理实践提供指导。

第一，毛泽东关于社会治理的理论论述。毛泽东结合中国的实际情况探讨了社会治理的相关问题。首先，社会治理的主体。社会治理必须牢牢依靠广大人民群众，这是因为少数人的作用有限，人民群众在实践活动中起到一定作用。人民群众具有大智慧，能够想出多种好办法。因此，社会治理必须依靠人民群众，要听取他们的意见和建议。其次，社会治理的目标。加强和谐的建设是社会治理的重要目标之一。最后，社会治理的方法。广泛动员可以被看作社会治理的重要方法之一。动员广大人民群众参与社会实践要坚持党的领导。同样，要实现有效的动员需要坚持让群众自觉自愿地参与，这是由于如果群众参与的各项工作不是出于自愿，而是出于强迫，这项工作最终只能流于形式。

第二，邓小平关于社会治理问题的探讨主要包括社会治理的关键、目标及方法等。首先，社会治理的关键。实现有效社会治理的关键在于推进政治体制改革。政治体制改革的成败不但关系到经济体制改革的成败，而且关系到社会治理的成效，改革失败势必破坏社会治理成效，不利于提高社会治理水平。其次，社会治理的目标。人们参与社会治理的重要目标在于追求共同富裕。共同富裕作为邓小平社会治理思想的价值追求，突出了让中国人民都过上美好、幸福的生活，实现共同富裕。最后，社会治理的方法。权力下放和具体问题具体分析是有效社会治理的两个重要方式。权力下放不但使得多元主体参与社会治理成为现实，而且能有效调动多元治理主体的积极性，从而有效地提高社会治理水平。

第三，江泽民有关社会治理问题的探究主要包括社会治理的范围、条件和方式等。首先，社会治理的范围。随着社会经济的深入发展，需要加强经济体制改革。其次，社会治理的条件。正确处理人民内部矛盾能为社会治理提供稳定的环境。随着社会转型的加速，不同主体之间的利益格局也开始分化。此时不同群体

之间出现了不同的利益诉求，甚至引发了不可避免的利益纷争。只有切实解决好人民群众之间的利益矛盾，才能保障社会稳定和促进国家发展。同样，正确处理好改革、发展和稳定的关系也能为社会治理营造良好环境。最后，社会治理的方式。社会治理的方式应既符合维护民众的利益诉求，又能激发他们的积极性，推进有效治理。

第四，胡锦涛关于社会治理的理论论述。胡锦涛结合中国的实际情况进行了社会治理探索，在理论和实际方面都有了新发展。首先，社会治理的重点。保障和改善民生可以被看作社会治理的重点。为此，社会治理实践需要考虑人民利益。其次，社会治理的目标。社会治理的目标追求体现在维护国家稳定和促进社会发展层面。只有社会和谐和国家稳定，才有利于推动国家发展。此外，改革创新也是有效促进社会治理的重要途径。推动社会治理创新能够增强国家治理能力，激发治理活力。只有坚持推进社会治理各项工作的创新性发展，才能保证社会建设活力，提高治理效能。

第五，习近平总书记关于社会治理的理论论述。习近平总书记站在国家发展战略的高度强调要重视社会治理工作，围绕社会治理工作提出了一系列新的观点与论断，形成了习近平总书记关于社会治理的重要论述。习近平总书记强调社会不只要“管得好”，还要“治得好”，既要发挥好党和国家在社会领域的“管家”作用，把好社会前进方向，也要发挥好社会团体和人民群众在社会领域的“主人翁”作用，激发社会活力。进入新时代，习近平总书记坚持为人民服务的宗旨，为解决社会矛盾，改善民生问题，转变社会管理模式，探索良性的社会发展道路，提出了中国特色的“社会治理”理念。他认为对“社会治理”概念的把握，既要从内涵出发，也要从外延入手，准确界定概念。

首先，科学界定社会治理的主体。构建党委领导、政府负责、民主协商、社会协同、公众参与、法治保障、科技支撑的社会治理体系，这是发挥社会治理效能的关键因素。只有满足国家、社会以及市民各主体的多样性，将各个主体有效地联系起来以共同的社会治理意识对社会事务展开治理，只有界定好主体权责和范围，才能推动社会实现善治。

其次，科学界定社会治理的目标。坚持以人民为中心的初心和使命，努力保障和改善民生、促进社会公平、提升社会福祉，这是社会治理的根本目标。从就业、教育、医疗、住房、收入和安全等角度入手，能为社会治理实践指明方向。既要抓好具体的治理目标，也要追求终极的治理目标，促进社会的和谐发展。

再次，科学界定社会治理的标准。社会治理标准的提高，一是要激发社会参与热情，二是要坚持依法治国理政，三是要加强科学技术应用，四是要扩大专业资源投入，力求社会治理“四化”（工业现代化、农业现代化、国防现代化、科学技术现代化）水平不断提升。界定好标准问题，这是治理水平高低的关键，对治理标准进行了量化。

最后，科学界定社会治理的格局。共建共治共享社会治理格局的构建，明确回答了社会治理依靠谁的问题、如何落实的问题、为了谁的问题。在如何处理好治理力量，实现社会治理成就上，完美地回答了三者之间的关系，给出了解决方案，有助于治理效能的提高。党的十九届六中全会提出要构建具有中国特色、符合中国国情的社会治理体系。当前，社会治理是围绕新时代下实现中国社会良性发展而展开的，在习近平新时代中国特色社会主义思想的指导下，为社会领域建设“添砖加瓦”，为社会良性发展“保驾护航”。

十一、国家治理现代化理论

2013 年 11 月，党的十八届三中全会通过了《中共中央关于全面深化改革若干重大问题的决定》，第一次将“国家治理体系和治理能力”与“现代化”联系在一起，作为我国全面社会改革的总目标。国家治理体系和治理能力现代化合称为“国家治理现代化”。此后，国家治理现代化理论逐步兴起。

国家治理现代化理论具有深广的理论来源，它是根植于中国丰厚的历史文化，从马克思主义思想中汲取养分，在社会主义国家建设实践中茁壮成长的独具中国特色的国家治理理念。它不能直接从马克思列宁主义的经典著作中找到现成答案，也不是简单地照搬照套其他国家政治实践中的既定模式，而是中国共产党对百年以来的历史革命经验、社会建设经验、改革开放经验、国家治理经验的总结和升华，是马克思主义国家学说在中国的具体实践，是对国内外国家治理思想和治理经验的深刻借鉴。

国家治理现代化理论具有丰富的内涵。从治理的工作重点来说，可分为国家治理体系和国家治理能力两个不同的方面；从治理领域来说，可分为政治、经济、文化、社会、生态文明、国防军队和党的建设等各个不同领域的治理；从治理方法来说，又可分为系统治理、依法治理、综合治理、源头治理、应急治理等。

国家治理现代化理论深刻地回答了“什么是国家治理现代化、怎么实现国家治理现代化”等重大历史命题。国家治理现代化理论最显著的特点和价值意义就在于坚持党的领导、政府主导、群众参与、多元协同的中国式国家治理。在国家治理体系中，最重要的是坚持和加强党的领导地位，同时发挥政府的主导作用。但党和政府并不是包办一切，中国特色社会主义国家治理是集合了各方力量的共同治理，推动国家治理更加科学化、民主化和规范化，最终实现国家治理现代化。

第四章　中国社会发展的内在逻辑探讨

当前，中国正面临百年未有之大变局，这其中既包含改革开放之后中西文化碰撞而产生的从经济形态到意识形态的自我调整与革新，也包括当代人类必须面对的具有整体性的新问题，如环境危机、基因工程、AI、大数据等，这些问题都对中国社会发展提出了挑战。对于中国社会来说，这是必然经历的一个更为独特的发展阶段，要遵循中国社会发展的内在逻辑，探寻一条真正具有中国特色的发展道路。本章分为中国社会发展面临的挑战、中国社会发展的内在逻辑两个部分。

第一节　中国社会发展面临的挑战

一、经济层面

经济是构成社会诸系统最基本的要素。经济发展水平及状况对社会发展有着重要的影响。可以说，改革开放大大推动了我国经济的发展，人民生活迅速改善，国际地位和影响力显著提高。但在经济发展中还存在着不平衡、不协调、不可持续的矛盾，影响着社会和谐稳定的发展。

首先，中国是中等收入的发展中国家，中国经济现在处于高质量增长阶段，一些涉及群众利益的突出问题，如食品药品安全、医疗服务、教育收费、收入分配、社会治安、安全生产、土地征用、房屋拆迁、企业改制、环境保护等，如果解决得不够好，老百姓的意见就会比较大。其中，人口结构变化，特别是实际参与经济活动人口数的下降，已经成为影响中国经济增速的重要因素。人口红利不断消减与老龄化程度不断加深，已经是经济增长动力不足、经济增速有所下降的长期因素。人口老龄化是我国社会发展的重要趋势，也是今后较长一段时期我国的基本人口国情，将总体上给我国经济社会带来不利影响。这是我国经济从高速增长转向高质量发展的基本原因。生育率下降、劳动年龄人口减少、人口老龄化等既是经济社会发展的必然结果，也是经济社会发展需要面对的新挑战。中国人口红利持续下降的趋势已经不可逆转，这使得劳动密集型优势减弱、传统要素对于经济增长的驱动力下降，给长期经济增长带来持续的重要的挑战。

其次，我国高耗能行业增速减缓，节能减排取得成效。但是长期以来，我国经济发展一直面临人口众多、资源相对不足、生态环境脆弱的局面，高投入、高消耗、高排放、低效益，先污染后治理、边治理边污染，因而造成经济增长的资源环境代价过大。坚持经济发展与人口资源环境相协调，节约资源，保护环境，大力发展高附加值、低能耗、低污染的绿色新兴产业，逐步淘汰落后工艺技术和生产能力，减少污染物排放总量，走环境与经济良性循环的可持续发展之路，这样的经济发展才称得上科学发展、绿色发展、低碳发展。

最后，国内经济进入结构转换和动能转换的“双转换期”，宏观经济政策难以快速调整。长期以来，我国经济发展主要依赖房地产投资和出口贸易，受工业化、城镇化、信息化、市场化、国际化的“老五化”推动，但目前情形发生了根本变化。房地产行业拐点初现，存量住房的消化压力很大，平稳健康发展面临压力。在此背景下，加快构建全国统一大市场，推动形成以国内大循环为主体、国内国际双循环相互促进的新发展格局，是中国经济高质量发展的必然要求。此外，我国经济在由高速增长阶段转向高质量发展阶段的过程中，“新五化”已经逐步替代“老五化”成为新时代中国经济高质量发展的主引擎和新动能。在这个双转换期，总需求不足的挑战将更加尖锐，宏观经济政策必须据此快速调整，在结构性政策与总量性政策、逆周期政策与跨周期政策之间找到新的平衡。

切实解决好上述这些问题，对加快转变经济发展方式，保持经济持续平稳较快发展具有重要的意义。

二、政治层面

政治稳定是经济社会发展的前提和保障。改革开放以来，党中央高度重视政治稳定，并把政治稳定纳入社会治理系统，稳步推进政治体制改革，民主政治建设成就斐然，为中国的改革发展奠定了坚实的制度基础和物质基础。特别是党的十八大以来，以习近平同志为核心的党中央大力加强党的政治建设，不断消除社会不稳定的隐患，安定团结的政治局面更加巩固，社会更加和谐。但随着社会结构的变化和利益调整的逐渐深入，我国的政治稳定还面临着不少挑战。

（一）党和政府执政的合法性面临挑战

中国共产党作为马克思主义执政党，其领导地位和执政能力既不是与生俱来的，也不是一劳永逸的，我们党坚持个人修养和接受教育监督相统一，在注重组织先进分子和广大群众自主地认识和处理革命问题中担负起民族历史使命。新形势下，个别基层党员干部的思想认识失之偏颇，致使工作缺乏创新、管理缺乏实效、责任分工不明确，党的组织建设状况和党员干部素质能力与持续提升党的领导水平和执政能力的时代要求还有一定差距。加强党内政治文化建设的中心工作在于形成强大的组织动员能力，提高政治教化和凝聚人心的整体效能。中国共产党作为致力于增进人民福祉而长期执政的马克思主义政党，必须切实肩负起管党治党的政治责任，这样才能积极稳妥地把握思想建党的重要发展机遇，推动各级党组织和广大党员干部主动思考、主动作为，不断提高应对执政考验的战略定力和实践能力。加强党的执政能力建设必须全面反映和落实到党组织和党员干部的一切工作和活动中，才能使全面从严治党的政治成果更好地聚焦到政党先进品格的培育以及从根本上锻造中华文明的核心理念和时代价值上。

随着世情、国情、党情的不断发展变化，一系列影响党和人民长期执政的因素和环境更加复杂，对全面从严治党和科学管党治党提出了许多新的挑战。党的十八大以来，以习近平同志为核心的共产党人总结吸收加强和创新政党管理的成功经验，系统把握工作方法和实践要求，把提升党的执政能力和领导水平作为有效应对执政考验的有力武器，引导全党全国各族人民树立和坚持正确的历史观、民族观、国家观、文化观，为更好地增强全面从严治党的时、度、效，大力培育和践行社会主义核心价值观奠定了坚实的思想基础和政治保障。

随着全面深化改革的推进，党的自身建设仍然面临一些深层次的问题，制约中国共产党形象和威信有效建构和可持续发展的情况时有发生。党的形象和威信涉及党的权威和政党的合法性问题，反映民众对政党的认同和支持，关乎政党的民意基础，对于政党的生存和发展至关重要。建构良好的政党形象和威信就是要在政党与受众之间建构一种“认同与接受”的关系。归根结底，政党合法性的社会基础就是民众的支持和认同，来自它能满足民众需求的程度。在经济全球化日益加深的今天，执政党原有的合法性基础会受到新的挑战。

其一，党的合法性主要建立在政绩基础上，但是，政绩并不一定总是带来普遍的合法性。政治体系一定的政策输出并不是总能带来普遍的效率，因而也很难赢得普遍的认同和支持。中国共产党领导下的中国特色社会主义伟大事业从纵向上满足了大多数人的利益需求，但由于区域、行业等方面的现实差距，出现社会分层、贫富差距等难以避免的现实问题，再加上政治领域腐败现象的存在，党在过去所取得的政绩并不一定能带来整个社会满意度的普遍上升。

其二，政治现代化受西方化的影响，尽管中国共产党领导下的中国政治现代化发展道路得到了一定程度的承认，但是“西方中心论”从来没有消散。政治现代化带来政治参与的扩大，这时执政党的制度供给能力以及自身的制度化水平都会关系到能否形成有序的政治参与，如果制度的供给能力不足，不仅会导致政党合法性的降低，还会引发社会的不稳定。当代中国社会，权利意识兴起、利益的多样性和价值的多元化，极大地调动了人们政治参与的积极性，执政党要及时跟进，回应人们的利益诉求。

其三，政治领域的问题蔓延到社会领域，腐败问题、贫富差距等很容易导致一部分人对社会主义应有的公平正义价值观念产生怀疑，部分民众对现实社会的不满也会映射到政治领域。

（二）公众政治参与的主动性、积极性不足

坚持国家一切权力属于人民，从各个层次、各个领域扩大公民有序政治参与，这是社会主义民主政治的重要标志，是和谐社会建设的重要组成部分，也是化解社会矛盾、促进社会和谐的重要手段，它体现了当代中国政治发展的目标指向。随着中国社会的不断发展，我国民主政治建设成就巨大，公民的政治主体意识不断增强，普通公民主动关心参与政治，已经把政治参与作为其实现利益要求的重要手段。但是总体而言，目前我国公民有序政治参与的水平仍然有待提高。

（三）民主法治体系亟须完善

法律是治国之重器，中国特色社会主义新时代，人们在民主、法治等方面的

要求日益提高。我国社会主义民主法治建设取得了一定成效，人民当家作主制度体系具有显著优势，中国特色社会主义的法律制度体系逐渐形成，司法体制改革全面展开，基本做到了有法可依。但与党和国家事业发展的客观要求相比，与人民群众日益迫切的现实需要相比，我国法治现代化建设还有很长一段路要走。一方面，人民当家作主的保障机制不够完善。人民当家作主是中国特色社会主义民主的实质和核心。真正实现人民当家作主需要一系列法律制度予以保障，将人民民主的显著优势转化为国家治理效能。当前，我国民主制度还不够健全，基层民主有待加强，反腐机制和制度保障有待创新，社会治理方式有待改进，社会组织活力有待激发，推进全面从严治党的体制机制有待完善，人民群众参与民主生活的形式不够多样，渠道不够丰富。广大人民群众倘若不能依法通过丰富多样的途径和形式参与国家事务管理，就不能真正投身于美好生活建设。另一方面，法治建设存在一定的滞后性和简单化倾向，尤其是在互联网高速发展的信息时代，新的法律问题和挑战不断涌现。如何完善以《宪法》为核心的中国特色社会主义法律体系是我国法治建设所必须克服的现实难题。

（四）党内政治文化建设面临诸多挑战

党的十八大以来，中国社会发展进入新时代，面对文化冲击和碰撞带来的意识形态安全风险，我们党的自身建设和领导水平亟须回应来自多方面的压力和挑战。新时代既是一个充满发展机遇和发展活力的时代，也是一个布满各种异见杂音和不确定性的危机挑战时代。我们的事业越前进、越发展，新情况、新问题就会越多，面临的风险和挑战就会越多。当今世界正经历百年未有之大变局，全球治理体系和国际秩序变革加速演进，各种不稳定性、不确定性因素明显增多，人类正面临许多共同挑战。我国改革发展稳定工作存在短板，各种社会矛盾和利益关系错综交织，社会关系协调处理难度加大，经济社会发展中不均衡、不衔接、缺乏系统性的矛盾依然突出。推动全面从严治党向纵深发展面临着对外维护国家利益和民族团结统一，对内加快建立健全结构合理的分类分级党建管理模式的双重压力，社会结构的深刻变动使传统单位制党建模式遭遇顽瘴痼疾，党内政治文化发展质量和效益还不能适应推进党的建设伟大工程持续发展的客观需要，思想观念上的障碍以及利益固化的藩篱制约着我们党对社会群体的政治教育管理和服务。因此，加强党内政治文化建设必须直面以“四大考验”（执政考验、改革开放考验、市场经济考验、外部环境考验）和“四种危险”（精神懈怠危险、能力不足危险、脱离群众危险、消极腐败危险）为主要表现形式的政治风险、经济风险、文化风险、社会风险和生态风险的交织叠加，在党的建设伟大实践中切实强化思想教育内容的权威性和可操作性，坚定执行党纪法规和规章制度，做党内先进政治文化建设的模范，才能带动全党全社会自觉增强抵御各种风险挑战的精神动力和行为活力。在党内政治文化建设中克服“四大考验”和“四种危险”要充分发挥党内先进政治文化对于完善党和国家治理体系效能构建的基础性导向作用，为党的利益表达与整合功能提供重要载体和强大能量。中国共产党的长期执政地位决定了推进党内政治文化建设必然能够在克服各种严峻考验和危险的人民攻坚战中调动广大人民群众对管党治党和治国理政实践的广泛参与和支持，使积极健康的党内政治文化所蕴含的先进价值理念成为党和人民充分激发抵御各种风险挑战的主动性、积极性和创造性的最强大动力。

（五）执政能力有待进一步提高

中国共产党作为发展中国家长期执政的无产阶级政党，要在实践中使政党执政能力得到提高，才能为全国各族人民在新形势下胜利开展各种具有新时代特点的伟大斗争提供坚强政治保障。当前，能力不足的危险反映在个别党员干部是非观念淡薄，缺乏独立思考问题的能力，在重大考验面前削弱自我革命政治勇气而不能着力解决党内存在的突出问题。因此，必须把加强党的执政能力建设真正落实到行动上，突出理想信念和组织原则的刚性约束，才能引起党风和社会风气根本好转的系统联动效应和正向连锁反应。

能力不足的危险直接造成某些领导干部不能正确分析和判断党和国家事业发展的历史方位和客观规律，忽视了我国经济社会发展的阶段性特征对党内政治文化建设的时代要求及其内在逻辑，在思想上、政治上、组织上削弱了党的创造力、凝聚力和引领力。党的能力不足的危险中最紧要的就是执政能力不足的危险，作为无形存在的党内政治文化成果难以量化，导致个别领导干部由于自身能力所限而将党内政治文化建设视为无效功，尚未提出分层次、分领域、分类别的党内政治文化发展“路线图”和“时间表”。增强党的执政能力与加强党内政治文化建设是相辅相成的关系，能力不足的危险造成个别党员干部政治意识淡薄、纪律观念模糊等，不能以改革创新精神推动党内政治文化建设的持续发展和进步。部分党员干部由于自身能力所限，习惯按照老办法、老惯例以及僵化的思维模式来看待和分析党的理论和路线方针政策，从而直接造成理论与实践、主观与客观、历史与现实的脱节，使党和国家的事业发展遭受损失。因此，必须把加强党的执政能力建设作为推动党内政治文化发展的主要动力，这样才能为促进党和人民事业发展造就一支政治坚定、本领高强、业务精湛的优秀干部人才队伍。

三、文化层面

文化是一个国家、一个民族的灵魂。文化兴国运兴，文化强民族强。文化在社会发展的进程中发挥着规范与调整社会成员之间的关系，使社会成员团结、凝聚在一起的作用。没有高度的文化自信，没有文化的繁荣兴盛，就没有中华民族伟大复兴。党的十八大以来，以习近平同志为核心的党中央进一步加强文化建设，社会主义文化大发展大繁荣初现生机。但是我们必须清醒地认识到，当今世界正处于大发展大变革大调整时期，我国正处于推动社会主义文化大发展大繁荣的重要时期，文化发展同经济社会发展和人民日益增长的精神文化需求还不完全适应。如何在全球思想文化交流交融交锋中占有主动地位，保护国家文化安全，增强民族凝聚力、向心力、创造力、国家文化软实力、中华文化国际影响力，进而维护社会的安定团结，防止社会各阶层因文化的差异而出现断裂，还面临着一些必须解决的突出矛盾和主要问题。

（一）文化自信自觉意识不强

党的十八大以后，文化建设进入了发展的快速车道，所获成就已经与之前的时代不可同日而语，这时党中央对文化建设提出了更为高屋建瓴的发展要求，习近平总书记多次阐述了坚定文化自信、建设社会主义文化强国在当今时代所具有的重要意义。在新的历史时期，我国文化建设取得了巨大成就，文化自信也不断得到增强。但是，我们在向前推进的过程中也要注意到，当前我国的文化建设并不是完美无缺的，更不是一帆风顺的，国内外的问题和挑战仍然存在，文化自信建设还任重而道远。

在新的历史时期，文化成为民族生存和发展的重要力量。中华传统文化中的优秀思想在今天仍然有着深远的时代意义，但是，在对传统文化进行继承和创新的进程中必然会遇到一些矛盾或问题。培育和发展新时代文化自信，要能够准确地辨析出传统文化中的精华与糟粕，对于糟粕部分，我们要予以坚决的批判和抵制。随着互联网技术发展的日新月异，以个体为单位的自媒体文化传播进入了新的时代，它的发展正在悄然改变着世界的发展，同时给文化的发展带来了冲击与挑战。

革命文化作为中国共产党在革命战争年代领导创立的文化，是中国先进文化体系的重要组成部分，也是中国特色社会主义先进文化的主要来源。习近平总书记多次强调革命文化的精神激励作用，强调要在全党全社会大力弘扬革命文化，传承革命精神，营造向革命英雄学习的良好氛围。在新时代背景下，虽然革命文化和革命精神的传承取得了巨大的成就，但过度商业化冲击、革命文化吸引力不足等问题造成了革命文化在继承和弘扬方面的困难。

亚文化是指与主文化相对而称的文化学概念。一般来说，亚文化是指在社会上仅为少数群体或一部分人所接受的文化或价值观念体系。亚文化曾经虽然与主流文化的影响力悬殊较大，但是，随着互联网在世界范围的大发展，尤其是各类社交软件、直播平台、自媒体平台等交互式平台的出现，亚文化的发展具有了较强的不确定性，它既有可能成为主流文化的有益补充，也有可能对主流文化产生强烈的冲击。

当前，随着全球化的不断发展，东西方文化间的交流、交融、交锋有着愈演愈烈之势。全球化的发展虽然有利于促进国家间科技文化的交流合作，但也给西方文化的渗透提供了便利条件。西方一些发达国家凭借其强大的经济力量进行话语权的垄断，对中国和其他发展中国家的国家安全及文化安全造成了严重的威胁。在这种情况下，抵御西方不良文化和意识形态的影响及渗透，维护中国的国家安全和文化安全，是长期以来中国文化建设一直面临的一个重大问题，更是影响新时代文化自信建设的一个重要因素。

（二）公民政治文化素质亟须提高

在文化层面，推动社会主义核心价值观深入人心，培育民众积极健康的社会心态，营造核心价值观入脑入心的良好文化氛围。围绕社会主义核心价值观所建构的良性的社会循环一旦形成，则会不断增加社会信任，进而推动人民共同体的进一步联合，最终为中国民众政治信任感的生成和提升奠定良好的社会基础。中国民众的政治信任感是建立于理性思维和独立判断能力上的，文化素养是民众独立人格的一个基础，政治文化素养的缺乏会使民众的政治信任感转为政治迷信或政治盲信。政府应通过长期的思想政治教育培养民众的世界观、人生观和价值观，培养民众独立思考的思维习惯；鼓励民众学习掌握基本的政治知识，了解中国社会发展的政治运作方式，培养民众透过纷繁复杂的政治现象看到政治本质的能力；在思想政治教育过程中重视培养民众理性、包容的政治情感，避免被情绪化的政治冲动和极化的政治情绪所裹挟。然而，几千年以来形成的传统观念成为导致公民在政治参与中存在消极心理和消极行为的政治文化因素。传统观念中的糟粕使人们在政治参与的过程中呈现服从、被动的倾向，行动上表现为普遍的非参与趋势，导致政治参与冷漠。

（三）道德文化建设亟待加强

当前社会结构急剧变革，而道德文化发展却相对滞后，一定程度上影响了社会的发展。一方面传统文化结构呈现碎片化，另一方面在体制转轨中，传统文化与现代文化、民族文化与西方文化相互冲突。在当前社会转型时期，人们会表现出不同的价值评判标准和价值目标追求，对于社会变革中的各种事态和矛盾现象会持有不同的文化视角，也会表现出不尽相同的心态和行为，再加上西方文化大量涌入，会出现一部分人道德失范、诚信缺失的情况。一个国家如果没有较高的国民素质和道德的力量，绝不可能成为一个真正强大的国家、一个受人尊敬的国家。

（四）城乡区域文化发展不平衡

近年来，随着改革开放和社会主义市场经济的发展，城乡、区域文化发展比较迅速，文化建设取得了可喜的成就。但总体上看，文化建设还存在思想认识不均衡、不统一，文化资源配置不合理，文化设施资源缺乏有效整合，文化设施运营管理不科学等问题。

首先，思想认识不均衡、不统一，存在着狭义地理解文化建设的现象。有些人在属性上把文化建设与群众文化或群众文艺简单地等同起来，在功能上把文化设施建设等同于丰富百姓文化生活，在形式上认为文化建设就是开展各项活动，在操作上认为文化只是政府文化部门的事，与其他部门无关，忽视不同地区的不同精神文化需求。

其次，文化资源配置不合理。由于目前我国的文化建设还处于初级阶段，文化建设存在“城乡二元”现象。一方面，广大农村、欠发达地区、偏远地区包括革命老区、民族地区、边疆地区、贫困地区等区域，由于财政紧张、政府投入不足、文化硬件和软件设施不到位、公共文化服务体系不健全、文化产业不发达，即使在同一城市，也存在文化资源配置不平衡的现象。另一方面，在经济发达地区，政府加大文化建设投入力度，如购置了大批文化设施、大力兴建文化馆（站）、建图书室、组织文化活动等。但又存在着另一种不平衡，即过于重视这些硬件设施的建设，忽视了对群众文化资源的开发与利用。

再次，文化设施资源缺乏有效整合。有些地方的基础服务设施和活动场所还没有得到很好的开发、建设和利用。多数服务机构规模较小、实力不足，各种服务资源缺乏有效联系，距离社会化、网络化的目标还较远。在对文化建设资源的开发利用上，存在着重物轻人的思想，对硬件设施的依赖性大，缺乏对人才资源的研究开发。

最后，文化设施运营管理不科学。部分地方一些文化设施的运营行政化、市场化定位不准。实行行政化管理往往会形成供需严重脱节的局面，市场化运营偏离公益性文化服务的总体方向。

四、民生层面

每个伟大理论的背后都有它的时代印记。当前，国际和国内形势正处于错综复杂、深刻的变革之中，如何更好地应对这一新形势，解决好我国社会主义现代化建设中面临的民生问题，是社会发展所面临的重大课题。

中国特色社会主义进入新时代，以习近平同志为核心的党中央从人民群众的需求和利益出发，坚定不移推进各项工作，坚定不移解决深化改革中遇到的难题，推动了我国发展，取得了很大的成绩。从经济上讲，我们党在发展过程中始终坚持可持续发展理念，转变经济发展方式，提升经济发展水平，为人民群众的生活提供了丰富的物质基础。全面深化改革已取得重大突破，重点领域改革的总体框架已基本确立，制约民生发展的诸多制度和体制缺陷基本消除。从政治上讲，政府职能转变，全面从严治党，形成了一个良好的政治生态。国家依法治国将民生问题纳入法治轨道，对公民的合法权益起到了重要的保护作用。现如今，许多民生工程的开展使百姓真正受益，这正是党不断提升人民幸福感的表现。当然，我们也要认识到，一些或大或小的民生问题依然存在并不断产生。新时代不仅给我们带来新的发展机遇，也给我们带来了许多新的发展问题，如城乡发展不平衡、生态环境恶化等，这些问题影响人们的健康和对幸福的体验。因此，我们党必须紧紧地依靠人民，把人民的实际需求和切身利益放在第一位，这样才能更加坚定地面对新的挑战，推动新的发展。

当前，国际社会正处在大发展大调整的紧要关头。在国内，习近平总书记为中国人民的生活提供了新的指导，指引人民为国家富强、民族复兴、人民幸福而努力。在国际上，我们提倡积极推动构建人类命运共同体，使国家和地区间的联系更加紧密，经济、文化、社会交流不断深化，国家间的交流日益频繁。

（一）新的历史方位对民生层面的挑战

新中国成立以来，我们党始终坚持把人民利益放在民生价值的首位，深刻体现了爱人民、为人民的崇高境界。自从党的十八大以来，我们国家经过长期努力进入了一个新的发展阶段，在这样一个时代背景下，人民群众对民生有了新的需求。民生是民族复兴的基础和前提，也是一个国家、一个民族兴旺发达的基石。民生更是民族复兴的目标。因为复兴是全民的复兴，一个最重要的标志就是整个国家，尤其是人民的获得感、幸福感、安全感不断上升，整个社会处于和谐状态，人民生活必须达到相应的标准，才能谈得上复兴，所以民生这一块还要继续改善。

我国经济取得了阶段性成就，说明我国发展已经处在了新的历史起点上，为进一步推进民生建设打下了基础。我们也应该清醒地认识到，尽管我国国内生产总值保持了快速增长，综合国力有了很大的提高，但是潜在的矛盾和问题仍然十分突出，民生建设方面还存在许多短板和薄弱之处。人民的生活质量是检验执政党资格的标准。人民群众的生活质量如何，直接关系着国家、民族的命运前途。因此，改善民生是全党的一项长期任务，需要全社会共同努力，不断提高人民生活水平。归根到底，老百姓的日子过得好不好，是衡量民生工作好坏的重要指标。

（二）新的奋斗目标对民生层面的挑战

进入新时代，作为执政党的中国共产党，必须从人们的诉求出发，切实把广大人民群众的根本利益放在首位，把人民是否幸福、是否安全、是否有获得感作为一切工作的衡量标准。

人民对物质文化生活提出更高要求，在民主、法治、公平、正义、安全、环境等方面的要求也在不断提高。另外，人们对所需要的物质文化生活提出了更高的质量要求。坚持和践行以人民为中心的发展思想，把实现人民幸福作为发展的根本目的和最终归宿，不断朝着全体人民共同富裕的目标前进。民生包括两个核心问题，一是生存问题，二是发展问题。在摆脱贫困和解决生存问题之后，如何使人民的福祉得到最大限度的改善，也是一项民生的重要内容。把民生建设放到全面建成小康社会的大局中去考虑，群众不仅要有较高的收入水平，更要有较高的生活质量；不仅要改善物质生活，还要改善精神文化生活。既要解决大部分人的问题，又要处理好低收入群体的问题。

（三）社会主要矛盾的变化对民生层面的挑战

我国社会主要矛盾已经转化为人民日益增长的美好生活需要和不平衡不充分的发展之间的矛盾，意味着我国人民群众的生活水平有了很大的提高，更加多元化的需要占据主导地位。同时也要看到当代中国虽然仍处于社会主义初级阶段，但是对民生建设有了不一样的和新的更高的要求，需要进行更高质量的民生建设。

立足新时代，社会主要矛盾的变化使我国民生建设工作站在了一个新的起点上。人民群众的需要既包括更高的物质层面需求，也包括更高的政治需求、社会需求和生态需求。我国社会主要矛盾的变化客观上反映了人民对民生建设的更高要求和期待，已经成为普遍现象，而不平衡不充分的问题大多出现在民生建设领域，社会主要矛盾的变化为我国的民生建设提供了目标和方向。人民群众需要的内容和领域从基本物质文化需要拓展到多样化需求，需要的质量也在提高。立足新时代，社会主要矛盾的变化和处于社会主义初级阶段的基本国情以及作为世界上最大发展中国家的国际地位，意味着我国在民生建设方面也会面临一些新问题、新挑战，在保障和改善民生的战略部署方面也会有一些变化。“美好生活需要”是新的历史方位上提出来的民生目标，这是一个新的重大政治论断，强调了新时代我国民生建设的重要目标是满足人民对美好生活的需要，标志着一个高层次的民生需要的开始。

五、生态层面

随着经济全球化的迅猛发展，全球范围内的大量自然资源被开发，人类的生存和活动对生态系统的影响逐渐加深。生态环境的不断恶化已经成为全人类面临的共同问题，人类的生存环境面临严峻的挑战。生态问题已经成为全球亟待解决的重大问题。无论是发达国家还是发展中国家都在密切关注生态问题，寻求一种能够解决生态问题与促进人类发展的双赢策略，推进全球生态和谐，实现生态与经济、政治、文化、社会等方面共同发展，促进人与自然、人与人的可持续发展。

改革开放以来，受传统发展观的影响，中国在粗放型经济发展模式下，生态环境遭到严重破坏。如何促进经济增长与环境保护之间的和谐统一，成为人们普遍关注的话题。生态危机既是生态问题，也是社会问题。生态问题在一定程度上会引发一系列社会危机。如果生态利益关系和生态责任处理不当，那么我国建设公正有序的生态社会目标就难以实现，生态正义问题更难以解决。党的十八大将生态文明提升到人类社会发展的一个新的高度，生态文明成为人类文明新形态。对此，我们应树立正确的生态观，实现人与自然长期可持续发展。

（一）绿色低碳的环保理念依旧淡薄

随着党和政府对环境保护工作的加强以及对环境保护知识的推广，人们对于环境保护的重要性认识有了一定的提高，但是距离我们所设定的目标还存在一定差距。由于人们的环保理念依旧淡薄，一些破坏环境的行为时常发生，人们还没有形成系统的保护生态环境的知识体系。特别是农村地区，受文化水平及生活习惯的影响，一些传统观念根深蒂固，人们缺乏相应保护生态环境的责任意识和监督意识，认为整治环境是国家的事情，放弃了自身正当的生态环境权利；部分民众缺乏生态自觉意识，对地区生态文明建设的积极性、主动性不高，做出破坏环境的行为后，无法对可能产生的环境问题进行自我反省等，这些情况都充分说明了人们还没有普遍形成绿色、低碳的环保理念。政府的宣传普及工作也有待进一步提高。政府缺乏对“绿色”“低碳”生态法律知识的普及，民众的生态法律意识薄弱，人们对生态保护相关法律的认识没有清晰的界限，存在钻法律空子的行为，类似乱排乱放、焚烧秸秆等违法行为也较为常见。不仅如此，法律意识的淡薄还导致公民的绿色法律权益意识不强，对于他人破坏公共环境、影响生态质量的行为，不懂得利用法律来维护自身的生态权益。

进入新时代，党中央多次强调生态文明要进基层工作，要潜移默化地把人民群众真正培养成为生态文明建设的主力军。党和政府必须积极响应国家号召，加大对“绿色”“低碳”环保理念的宣传力度，促使人民群众的生活朝着“绿色”“低碳”的方向转变。同时，也要丰富宣传手段，采取人们喜闻乐见的形式让人们感受到生态文明建设及树立生态环境保护意识的重要性。

（二）生态环境保护有待加强

对天蓝、地绿、水净的向往是人类的共同理想，生态问题直接关系到人民群众的获得感和幸福感。构建新时代人民美好生活必须不断满足人民群众对绿色优美生态环境的需要。新时代，我国大力倡导建设美丽中国，推动经济建设和生态文明建设协调发展，努力构建人与自然和谐相处的美好生活。但是在追求经济快速发展的背景下，人们逐渐忽略了对生态环境的保护，过度开发生态资源，造成整个生态系统愈发脆弱，甚至走向退化，我国生态领域面临着严峻的考验。在生产方式上，大规模自然资源开采、传统能源开发模式必然带来严重的生态破坏，一些高能耗、高污染、低水平的产业导致的环境污染问题比较突出；在生活方式上，部分城市的生活污水处理覆盖率较低、垃圾分类推广程度不高、居民绿色生活自觉观念不足等。这些无视生态环保的行为导致一些地区水资源污染和土地荒漠化严重，酸雨雾霾频发，生物多样性减少。生态环境是事关民生福祉、人民幸福的大事，要正确处理好生态文明和物质文明之间的辩证关系。新时代我国将生态环境保护放在重要位置，对生态环境进行了全方位的治理，但相较于发达国家，我国在生态环境保护制度建设、污染防控和治理、社会成员生态保护意识教育等方面还存在一定的差距。

生态环境与人类的生存发展密切相关，人类的生存发展以生态环境为基础，人类的实践活动和行为也会反作用于生态环境，二者相互联系，不可分割。但是，受传统发展观念的影响，环境污染问题严重，打破了生态平衡，破坏了人与自然之间的和谐关系。

当前，我国生态环境问题主要表现为土地荒漠化、水污染、大气污染等。首先，土地荒漠化是指由于人们不合理的实践活动以及脆弱的自然环境相互作用，导致土地退化的现象。中国是土地荒漠化较为严重的国家之一，从西部到东部零星分布着的沙漠、戈壁面积高达 300 万平方千米。荒漠化的过程虽然是渐进的，但是对人类的影响却是持久的，它造成的土壤贫瘠、农业减产等后果都影响着人们的生活水平和质量。其次，水是一切生物生存发展的主要来源，但是自人类进入现代文明以来，工农业发展迅速，用水量逐年递增，水资源遭到破坏，使得我国面临着水污染的危险。因此，如何有效解决我国水资源短缺问题、改善我国水污染的局面、保障居民用水的安全成为当前环境治理工作的重中之重。最后，大气污染是指由于人类活动导致污染物进入大气，引发空气质量变坏或环境污染，危及人体健康的现象。如今，大气污染特别是日益严重的雾霾问题已经影响到人民群众的正常生活，成为我国环境治理的重点。大气污染归根结底就是产业能源利用不合理的结果。另外，建材及化工等行业排放出的大量粉尘、汽车尾气中含有的一氧化碳等碳氧化合物都使得我国空气质量越来越差。因此，对清洁能源的开发及利用、减少工业及人为造成的大气污染迫在眉睫。

党的十八大报告指出，必须扭转生态环境持续恶化的发展趋势，为人民群众提供更加优质的生存环境，为我国生态安全提供保障。生态安全在我国安全体系中处于重要位置，应着力解决好生态环境问题，为中国社会发展提供前提条件。

第二节　中国社会发展的内在逻辑

一、不断回应人民美好生活需要

（一）把握人民美好生活需要的演化

社会历史的蓬勃发展有赖于人类的物质生产方式，物质关系贯穿整个社会历史的发展。在社会实践中，人的需要起着重要的推动作用。人们从事各种社会活动的前提是满足自己的物质需要，也就是说，满足自身的物质需要是首要的，所以人民对美好生活需要的物质需要推动着社会发展，需要促使人们从事劳动和各种社会实践活动，并以实现自身需要作为最终的目的，并且这种需要是人们进行生产实践的内在动力。

随着人民美好生活需要的日益增长，美好生活的内涵也愈渐丰富。从物质、制度和精神这三个维度来看，新时代美好生活的内涵也主要包括三个方面。

第一，物质充裕的幸福。人是现实感性的存在，日常生活构成了人的现实生活世界的一般基础。感性欲望的适当满足和某种程度的物质生活保障是过上更好生活的先决条件。因此，从个人的角度来看，如果有一种愿望和动力，通过奋斗为自己和家人提供一个良好的生活环境，不断改善自己的生活，获得感、幸福感和安全感就会不断得到满足。就国家而言，应让人民收入更高、生活宽裕、出行更方便等，解民之所急、办民之所需。丰富的物资储备和供给为使人们感到更富有、更安全和更可持续提供物质支撑，并衍生出更多的获得感、幸福感和安全感。

第二，公平正义的社会制度。公正也是体现美好生活的一个重要方面。一是权利公平。公平首先是指社会权利的公平，承认和保障每一个社会主体都享有平等的生存权和发展权，就是在社会制度和非制度机制的安排中，必须做到给每个社会主体提供平等的生存和发展机会、平等的劳动权利、平等的受教育机会和平等的职业选择机会，以上这些权利在社会中不会受家庭背景、种族、性别、工作条件等因素的制约和影响。如果弱势群体在社会中得不到重视，不仅会打击弱势群体在社会的生存空间，也势必会伤害到弱势群体的心理。二是机会公平。每一个社会主体在参与社会活动时，需要社会保障机会均等，这是实现权利公平的前提。三是规则公平。社会主体在积极参与社会活动的实践中，要求规则必须是公平的，从另一个意义上说，要求政府在制度和规则安排上体现社会主体一律平等，同时社会主体也必须拥有平等的规则。四是效率公平。在市场经济条件下，社会公平体现了公平竞争和公平发展，它在社会的发展进步中是起基石的作用的，公平竞争和公平发展健康有序运行，人们的参与意愿就会大大提高，也增强了社会活力，就会推动社会的进步与发展。五是分配公平。分配公平是社会公平的重要意义，分配公平不仅关系到效率的高低，而且对社会制度的改革创新和社会的维护稳定具有决定性的作用。分配公平的实现有赖于合理的社会分配制度的建立，分配制度和分配政策在其中发挥着非常重要和直接的作用。六是社会保障公平。建立公平公正的社会保障制度，人民的生存权和发展权就可以得到尊重和保障，尤其是对贫困人口和弱势群体来说，他们的社会选择机会少，社会竞争能力不足，存在着条件上的限制，而公平公正的社会保障制度为他们提供了基本的生存物资和平等的发展机会，这样有助于社会的和谐稳定。

第三，崇高的精神追求。追求人生意义是人存在的重要意义，不断超越，勇于追求更高的理想和目标，追求崇高，实现精神上自由，是美好生活的本质意义。现实生活中，最能感受生活美好的，是精神财富富足的人，而不是物质上最富有的人。对于“美的生活”和“好的生活”追求是每个人的理想，在生活中感知美好，是美好生活的一个理想状态，然而，“美”和“好”也是生活中的一对矛盾，但是这个矛盾并不是无法解决的，除了物质上的富足，更加让人感受到“美”和“好”的是精神层面的感受。

人类社会发展史就是人的需要通过一定的生产力和生产关系得到满足的历史过程，这个过程推动了社会进步。人对自然的能动关系决定了人们必须从事实践活动，这种实践活动是人的需要的外化形式，通过对人的需要的满足，人和自然之间的物质变换得以实现。人的需要是社会发展的原动力，主要表现在以下几个方面：首先，需要的无限广泛性和发展性与社会供给的有限性之间的矛盾贯穿人类社会始终。在社会发展进程中，相对于人的需要的无限发展，在实践活动中生产的社会供给总是相对不足，因此，面对具体时代的生产限制和相对不足的宝贵资源，满足需要就要求人们提高资源配置和劳动效率。人通过实践活动满足自身的需要，但人的生产实践受到相对有限的自然资源的制约，这就要求人们充分考虑自然界和人类社会的承受能力，有步骤、有计划地进行生产实践，从而推动人类社会均衡发展。其次，需要的实现过程也是人的素质与能力的提高过程，进而通过所有人的素质与能力的提高推动社会的进步。人的需要作为生产实践的动因，推动人的实践活动的不断发展，生产实践也塑造着人本身，推动人的能力的提高和素质的发展。随着社会的进步，当基础的生存需要得到满足，在实践过程中人的素质与能力得到提高，劳动技能得到改进，意志品质得到锤炼，思想观念得到更新，人的发展性需要就生发了。人在需要的实现过程中极大地提高了生产效率，也重新塑造了自身，最终有益于人类群体。最后，人的社会需要的完善推动社会生产的发展。人的需要通过激发人的内生动力，推动人通过生产劳动创造出自身所需要的对象，形成不断发展的动态循环过程。人的需要能否作为生产实践的动力取决于分配、占有和消费环节，当社会关系中的分配、流通和交换、消费尽可能满足人的需要，就会激发劳动者的劳动热情。在现代社会分工体系中，劳动创造不直接满足生产者的需要，而是通过交换环节实现需要。所有生产者的共同需要即社会需要是社会生产的前提，在社会生活中，任何一个人既为了需要而进行生产，也是产品的消费者和需要满足者。作为生产者进行生产劳动，作为消费者以整个社会需要的形式拉动社会生产。社会需要为社会生产提供了依据和对象，社会需要决定了社会生产的内容和进行的原因。没有消费，也就没有生产，消费创造出生产的动力。社会需要与社会生产在实践中统一起来，社会需要决定社会生产的环节和具体内容，同时也受到生产力水平的制约，社会生产为社会需要的实现提供了客观保障。需要在社会发展中起到不容忽视的作用。

美好生活是每个人的理想，要实现美好生活，就必须先确立美好生活需要的具体诉求。美好生活的需要是美好生活的前提，也是动力。马克思在解释需要对人和人类社会生产生活的重要意义时指出，人与人之间从一开始就存在一种物质联系，这种联系是由人的需要和人在社会生产生活中的生产方式决定的。因此，人所进行的生产活动就是为了满足需要，而且这是人类社会诞生几千年以来，每天、每时、每刻都必须进行的一项历史活动，是一切历史的基本条件。工具会引起新的需要，因为人们在满足自身需要的生产生活中是需要使用工具的，在事物的相互联系中，满足需要的工具就会引起新的创造发明和新的需要。在新时代，人们为了追求美好生活，就需要使用和发明新的工具。这就说明美好需要是构成美好生活的前提，没有美好需要，就没有美好生活。

美好生活的需要是构成美好生活的内容和目标。美好需要是人的追求，人在追求美好生活的同时也在发展着自己，也可以说，需要发展的同时人也得到了发展。美好生活需要指引着美好生活，人根据自身对美好生活的需要，发挥能动性，在美好生活需要的指引下，在社会生产实践中展现出人的本能，从而理性地把握自己的本能，甚至会发挥出超越自身本能的能力。从另一个角度来看，如果缺失美好需要，美好生活就不可能圆满，也就不存在这个前提。因为美好需要不仅仅是美好生活的内容，也是美好生活的目标。

美好需要是美好生活的动力。有什么样的需要就会追求什么样的生活，在新时代背景下，中国社会发展现代化的目标就是满足人民对美好生活的需要。所以说，人的需要尤其是人对美好生活的需要就是中国社会发展的目标向度。美好生活的需要对中国社会发展现代化的引领和推动美好生活前进的力量是强大的。中国社会发展现代化的根本是人的需要，美好生活的需要构成了美好生活的前提、内容、目标和动力。

（二）为人民谋幸福的初心和使命

坚持发展为了人民，就是要把实现好、维护好、发展好最广大人民的根本利益作为发展的起点和归宿，在经济社会不断发展的过程中，涵盖各个方面和各个环节，把维护和保障人民群众的利益体现在不断的努力中、体现在各项工作中，不断促进人的全面进步和发展。党从成立之初，就把人民放在第一位，中国共产党从诞生的那天起，就把为人民服务写在了自己的旗帜上。百年征程中，党始终忠诚地践行这一宗旨，勇于担当，砥砺前行。从“革命为民”到“改革为民”的转换，从“改革为民”到“执政为民”的升华，都是万变不离其宗。党的十八大以来，习近平总书记不仅一再重申这一宗旨，而且围绕什么是党的宗旨、怎样践行党的宗旨提出了许多新论述和新要求：党的根本宗旨永远不能变，强调党的宗旨一刻也不能忘，共产党人应当在全心全意为人民服务中去实现人生意义。

坚持发展为了人民，就要及时发现、了解和解决人民群众亟须解决的问题。新形势下，以习近平同志为核心的党中央把民生问题作为一切工作的起点，从最基础又最关键的地方落实行动，做好群众工作，关心人民的生活和需要，踏踏实实、一步一步地解决好人民群众面临的有待解决、亟须解决的实际问题。

坚持发展为了人民，就要把不断实现人民的愿望、切实保障人民的利益作为党和国家的日常工作。党和国家的一切工作，要想得到群众的支持、要想长期稳定地发展下去，关键就在于能否满足人民的要求、能否保障群众的利益。坚持发展为了人民，就需要更加注重生产力的解放和发展，为人民提供良好的物质条件，使人民过上更加美好、更加满足的生活。发展要保证人民在经济、政治、文化和环境等各方面的需求都能得到满足，促进各个方面的全面发展，而不是只单纯关心人们的生理需要和物质利益的实现。改革开放至今，我国社会各方面发展都取得了显著的进步和成就，人民的生活更加充实且不断得到改善，生活质量也随之提高。在建党一百周年之际，习近平总书记宣告中华大地全面建成小康社会。面对当前的社会现状，我们不仅要满足人民多方面、多层次的需求，也要及时发现很多挫折和挑战仍然制约着目前我们国家的发展，而人的全面发展这一目标的实现也被很多因素钳制着。但是随着我国社会生产力不断往更好的方向发展，人们在收入分配、环境、教育、就业等方面的问题得到了有效的解决，人民的生活质量和水平得到了更好的改善，国家和社会也正在朝着更加正确的方向前进。人民期盼有更好的教育、更稳定的工作、更满意的收入、更可靠的社会保障、更高水平的医疗卫生服务、更舒适的居住条件、更优美的环境，期盼孩子能成长得更好、工作得更好、生活得更好。为了这一目标能够早日实现，必须以人民为重，着力解决好发展不平衡不充分的问题，不断提高发展质量和发展水平，同时加强精神文明建设来提高人们的思想道德素养，不断保障和改善民生，提高人民的生活质量和水平，努力缩小贫富差距，同时努力使改革发展的成果为人民共同享受，使全体人民共同富裕目标的实现更近一步。这样一来，不仅回应了人民向往美好生活的愿望，强调了人民是发展的目的，全面地提高了人们创造美好生活的积极性和能力，也能激励越来越多的人把个人理想追求与国家和社会发展进步的事业紧密结合，使中国特色社会主义事业的发展获得向前发展的动力和源源不断的力量。

（三）社会主要矛盾与社会发展的工作重心

社会的主要矛盾是一个国家的生产力和发展水平的客观体现。生产力发展水平是怎样的、处于哪一个发展时期，就有哪些主要的社会问题。社会主要矛盾的变迁是历史发展的必然规律，人们不可能主观选择，但对它的判定却是要适时而精确的，认识的超前和落后都会对社会的发展和进步产生影响，甚至连发展社会的生产力都会受到影响。正确认识和掌握主要矛盾，从而推动整体工作，是我们党始终坚持的历史唯物主义的根本内容。

新时代中国特色社会主义的国内外环境、矛盾与问题、发展阶段、任务、对象、工作环境、对党的长远执政和领导的需要等，都有了很大的改变。这种深刻的改变反映在我国的重大社会问题上，即从某种意义上讲，从社会生产到社会需要发生了新的改变。与此同时，整个国家的社会生产率也有了明显的提升，在很多领域，社会生产率处于全球领先地位。但我国当前存在发展失衡的问题，已经成为限制人们对更高质量的生活需要的期待的阻碍。正因为如此，党的十九大把我国社会主要矛盾的表述修改为“人民日益增长的美好生活需要和不平衡不充分的发展之间的矛盾”。应当看到，我们新一轮的社会主要矛盾的转变，为当前中国发展问题的基本着力点提供了新的思路。

从“物质文化需要”到“美好生活需要”，从“社会生产的落后”到“发展不平衡不充分”，我们要把握发展的阶段性特征，紧紧抓住人们对美好生活的渴望，结合当今社会的主要问题，发展新思想、新战略、新措施。我们必须坚持发展，不断地调整和改进我国的发展策略和方针，以克服发展中的失衡与不足。我们必须在发展的前提下，切实解决群众最直接、最现实的问题，推动社会的公正和公平，只有这样才能更好地满足人民的需求。新的社会主要矛盾的表述并非一个短期的观念，它的存在时间跨度很大，实践针对性很高，工作导向也很现实。我们必须把目前的工作和长期的目标联系起来，坚持辩证唯物主义和历史唯物主义的方法论，以持续发展为前提，着力破解发展中的失衡与差距，着力提升发展的质量与效率，更好地适应不断增长的经济需要。

新时代社会主要矛盾对社会发展提出新要求，现实境遇勾勒出了我国经济社会发展的新目标，转换发展动力和转变发展模式已成为当下社会发展的现实诉求。社会主要矛盾的变化是关乎全局的历史性变化，对党和国家工作提出了新要求，要着力解决好不平衡不充分的发展问题，大力提升发展质量和效益，更好地推动人的全面发展和社会全面进步。中国共产党在对国情的深刻认识和充分把握的基础上，将推动人的全面发展和社会全面进步视为我国发展的始终目标与价值旨归，破解新时代社会主要矛盾要紧紧围绕着促进人的全面发展和社会全面进步的主线展开。一方面，为了促进人的全面发展，必须把广大人民群众对美好生活的追求当成新时代经济社会发展的出发点和落脚点。改革开放以来，社会主义现代化建设使中国经济社会发展样貌出现质的改变，脱贫攻坚任务的圆满完成标志着中国全面建成小康社会的目标告捷，人民群众对美好生活的向往不仅仅需要进一步提高物质领域的保障，更需要满足精神领域的需求。这说明进一步解放社会生产力、促进社会财富分配公平是当下社会发展的基本要求，加强思想道德建设、构建美好精神家园更是当前发展的迫切需要。另一方面，人的全面发展是社会主义现代化建设的内在要求。推动中国特色社会主义事业全方位地协调并进，必须在实现中国社会的全面进步中实现人的全面发展。新时代中国社会主要矛盾是社会发展全局的中心问题，扣住新时代社会主要矛盾这个着力点，才能抓住社会发展的动力之源，才能不断为社会发展提供动力保障。

新时代中国社会主要矛盾为促进社会变革提供了重要依据，要求党和国家工作实现新转变。社会变革的突破口正是社会主要矛盾本身，解决社会主要矛盾正是推动社会朝着更高阶段发展的过程。中国共产党的初心任务与目标，要求中国共产党以人民群众的美好生活需要为奋斗目标。当前社会矛盾突破口主要指向人民群众对美好生活的需要，这就需要中国共产党在新时代继续贯彻以社会主义经济建设为中心的方针，贯彻落实新发展理念，在大力促进社会生产力发展的同时更加重视经济发展的质量和效率，健全规章制度以完善社会保障体系，突出社会的高质量发展，既要满足人民群众对物质财富涌流和公平分配的需求，又要着眼于人民群众对美好祥和的生活环境和自然环境的需要，坚持全面深化改革，从化解不平衡与不充分的发展问题中实现经济社会发展的新变革。新时代我国社会的主要矛盾，既为我国社会主义现代化事业发展注入强大动能，又为社会变革廓清了方向。

二、稳步实现全体人民共同富裕

（一）从小康社会到共同富裕

小康社会最初于20世纪70年代末80年代初被邓小平提出，是他在对中国经济发展蓝图进行描摹时的理论构想，其间经历了从小康经济发展水平到小康总体性社会理想状态的转变，实现了认识上从低水平、不全面到高水平、全面的深化，完成了小康社会由进行时到完成时的跨越。党的十八大召开之际，党在洞悉我国经济发展新的阶段性特征的基础上完整提出“全面建成小康社会”这一总体工作目标，指出了更加具体、更加完备的建设指标。经过全国人民的接续奋斗、埋头苦干，我们党如期完成了各项目标，建成了“五位一体”综合发展的小康社会。具体来看，在经济领域，经济发展方式实现了由资源消耗向科技创新驱动转变，经济结构实现了由主要依赖第二产业向各产业协同发展优化，经济增长实现了由依赖投资、出口拉动向依靠消费、投资、出口协调拉动转变，经济发展更加协调、更可持续。在政治领域，民主制度更加健全，民主形式更加多样，人民民主得到更加切实和充分的覆盖，同时，法治观念、法治思维进一步深入人心。在文化领域，核心价值观充盈在日常生活实践中，百姓道德修养极大提升，精神文化产品更加多元，文化软实力的“压舱石”更加稳固。在社会领域，基本公共服务均衡发展基本实现，教育资源公平化、就业渠道多元化、收入差距缩小化、医疗卫生服务全民化、社会保障覆盖化。在生态领域，环境污染问题得到根本性扭转，人居环境彻底改善，循环经济占据经济发展模式的比重逐步提升。2021年7月1日，习近平总书记在庆祝中国共产党成立100周年大会上庄严宣告：“我们……在中华大地上全面建成了小康社会，历史性地解决了绝对贫困问题。”全面建成小康社会的顺利实现，是党和国家事业发展乃至人类进程中新的里程碑，它向世界展示了中国共产党的执政能力，彰显了中国特色社会主义制度的优势，增强了实现“复兴伟业”的民族自信，为我们党在新发展阶段推进共同富裕奠定了坚实的基础。

全面建成小康社会蕴含共同富裕的要求，这里的共同富裕不是同步富裕，也不是同等富裕，而是在做大经济“蛋糕”的同时注重公平与正义，正确理解共同富裕的内涵对于促进全面建成小康社会具有重要意义。2021年2月25日，习近平总书记在全国脱贫攻坚总结表彰大会上的讲话中提道：“治国之道，富民为始。”

我们党始终坚定人民立场。共同富裕所突出的理念与资产阶级追求个人利益与狭隘诉求不同，中国将大力发展生产力作为共同富裕的基础，更加强调生产资料的社会化。

在共同富裕理论指导下，中国共产党坚持实事求是的原则，用一系列丰富的实践成果证明了党的正确选择。经过几十年的发展，我国城乡差距、东西部差距不断缩小。城乡居民生活水平不断上升，农村人口摆脱了绝对贫困。在共同富裕理念指导下，中国方可顺利实现全面建成小康社会，完成中华民族千年梦想，并继续朝着社会主义现代化强国之路前行。

（二）稳步推进全体人民共同富裕

2021 年 8 月 17 日，习近平总书记在中央财经委员会第十次会议上强调，共同富裕是全体人民的富裕，是人民群众物质生活和精神生活都富裕，不是少数人的富裕，也不是整齐划一的平均主义。共同富裕既强调“共同”，又强调“富裕”，不能孤立、片面地理解共同富裕。首先，“共同”意味着公平，“共同”的主体指的是全体人民，他们平等地享有极大的社会物质和精神财富，平等地享有发展、富裕等一切机会，人人都要、都能过上美好生活。其次，“富裕”不仅意味着效率，强调全社会的物质、精神财富能够充分地满足全体劳动者的物质文化需要，而且强调物质与精神上的共同富裕。总之，可持续的“富裕”离不开“共同”，高水平的“共享”离不开“富裕”；“富裕”是物质富裕与精神富裕的和谐统一。共同富裕是对西方现代化和福利社会的一种超越，是以高质量发展为基石的共同富裕，是效率与公平、发展与共享的辩证统一，是共建共治共享的共同富裕。共同富裕是全体人民通过辛勤劳动和互相帮助，普遍达到生活富裕富足、精神自信自强、环境宜居宜业、社会和谐和睦、公共服务普及普惠（“五位一体”全面跃升，体现共同富裕社会形态政治属性），实现人的全面发展和社会全面进步，共享改革发展成果和幸福美好生活。共同富裕是实现人的全面发展和社会全面进步的一场深刻社会变革，是全面建成小康社会后的一种更高级的社会形态。

新发展阶段推进全体人民共同富裕，不仅目标明确、经验丰富，而且制度优势显著、物质基础雄厚。首先，从进入中国特色社会主义新时代以来，以习近平同志为核心的党中央就把人民对美好生活的向往作为我们的奋斗目标，把实现全体人民共同富裕摆在了更加突出的位置。其次，我们党团结带领中国人民向着共同富裕伟大目标进行不断尝试时，积累了很多宝贵经验，如“贫穷不是社会主义”“社会主义的本质是解放生产力……最终达到共同富裕”。再次，我国国家制度和国家治理体系具有坚持以人民为中心的发展思想，不断保障和改善民生，增进人民福祉，走共同富裕道路的显著优势。最后，脱贫攻坚的全面胜利，困扰中华民族几千年的绝对贫困问题的历史性解决，全面建成小康社会，为新发展阶段推进共同富裕奠定了坚实的物质基础。总之，明确的共同富裕目标、丰富的经济建设经验、显著的国家制度和国家治理体系优势以及坚实的物质基础都将推进全体人民共同富裕的最终实现。

我国虽然全面建成小康社会，初步实现共同富裕，但是共同富裕并没有完全实现，所以共同富裕不是过去时，而是现在进行时，也是将来进行时。在全面建设社会主义现代化国家新发展阶段，全体人民共同富裕被摆在更加重要的位置是实事求是、符合社会发展规律的。新的征程，我们要深刻领会党中央关于共同富裕战略部署精神，向着全体人民共同富裕的目标不断迈进。

实现全体人民共同富裕是社会发展的必然，新发展阶段推进共同富裕研究具有合理性；实现全体人民共同富裕是中国共产党一直以来追求的奋斗目标，新发展阶段推进共同富裕研究具有现实性；实现全体人民共同富裕是中共中央坚持以人民为中心的顶层设计，新发展阶段推进共同富裕研究具有人民性；实现全体人民共同富裕是关系党的执政基础的重大政治问题，新发展阶段推进共同富裕研究具有政治性。

三、追求整体性的社会发展

（一）全面协调的社会发展

协调发展理念就是要解决区域之间、城乡之间、两个文明以及经济与政治等之间的不平衡不协调问题，缩小其中的差距。协调发展更是统筹兼顾好人与人、人与经济、人与社会，以及人与自然环境之间达到平衡状态的关系。

协调发展就是指统筹好平衡发展，释放发展的整体效能。在发展道路上既要努力突破难点、弥补缺陷，也要注重发展和厚植自身特色；协调发展是发挥短板与潜力的统筹，并通过弥补缺口挖掘潜力、提升发展后劲。第一，协调发展体现发展的整体性。协调就是指处理事务之间的矛盾从整体出发，立足整体，统筹好部分之间的关系。统筹兼顾发展原则强调，既要城市发展，又要乡村振兴，带动城市化和农业现代化共同建设，带动工业发展和信息化融合建设，真正实现城市全面提升、城乡一体建设；地区间的协调建设，既要东部起到充分的带头建设作用，先把建设搞起来，又要沿海以及中部得力发展起来，还要促进东北振兴，全面整合东、中和西三个区域的整体发展，带动全区域共同建设，全省“一盘棋”；既要文化物质丰富，又要精神文明充实，物质文明和精神文明协调建设；既要注重金山银山，更要把绿水青山放在重要位置。区域统筹发展注重经济快速发展的长期稳定性，就是要避免出现“顾此失彼”的现象。第二，协调发展体现发展的平衡性。协调发展不仅仅指整体性，更指平衡性，在处理事物之间的关系时，各部分比例之间达到平衡，而不是不均衡，特别是在新时代发展社会主义的过程中，更要补足发展短板，使之达到平衡。所谓协调发展，是指要在保持以社会主义经济建设为中心的同时，通过大力发展社会各项事业，进一步健全社会公共服务制度，着力推动经济发展和社会发展有机统筹，让人民生活水平得到质的提高。又要避免过度追求表面上的经济增长，把影响一切高质量发展的因素考虑在内。统筹发展突出经济社会发展水平等硬实力，同时又要突出科学文化教育水平等软实力。硬实力和软实力如同人的双脚，只有两只脚一样长，才能走路，在社会主义建设过程中就是要避免出现“一条腿长、一条腿短”的现象。第三，协调发展体现发展的可持续性。协调发展要求正确处理好人口、自然资源和环境保护利益关系的重大问题，要推动经济与人与自然的可持续发展，在发展经济建设时，不能以破坏生态环境为代价，要经济与环境双赢，中国社会才能实现可持续发展。建设社会主义现代化国家和实现中华民族伟大复兴任务不是一蹴而就的，需要我们持之以恒不断为之奋斗，更体现了协调发展的可持续性。第四，协调发展彰显发展的规律性。协调发展不是毫无秩序的发展，它遵循发展的客观规律，不能违背规律，而发展规律是不以人的意志为转移的，协调发展不仅彰显整体性、可持续性，还有规律性，只有遵循这三个要素协调发展，才能有序平衡持久地运行。协调发展是人类社会良性发展、持续发展的本质要求和必然趋势。协调发展是科学有序的发展，强调发展的规律性。

推动城乡协调发展。统筹城乡发展是“五个统筹之首”，主要指城乡之间、区域之间、经济与社会之间、人与自然之间、国内发展和对外开放之间要做到统筹好部分，协调发展好整体，相互作用，补足不足。在城市突飞猛进时，也要看到城市和农村的差距，要把城乡看成一个整体，协调推进。在新发展阶段，我国需要完成的重要任务之一就是使城乡形成互利共赢的良性互动关系，不断增强它们发展的整体性和全局性。城乡协调发展是一个实现乡村振兴、城市支持农村、城市和乡村之间实现资源优化配置、优势互补的过程，城市的发展推动乡村的建设，乡村的发展进一步促进城镇化进程。

推动区域协调发展。区域协调发展要抓两头，把促进发达地区加快发展和不发达地区跨越式发展有机统一起来。以习近平同志为核心的党中央明确提出要深入实施区域协调发展战略、区域重大战略、主体功能区战略、新型城镇化战略。促进区域之间的协调发展要更加注重人口、经济和资源环境之间均衡发展。必须促进区域间的经济和人口平衡，减少区域间的人口适应能力，缩小人口与环境之间的差距。

推动物质文明和精神文明协调发展。中国特色社会主义是物质文明和精神文明全面发展的社会主义，促进物质文明与精神文明全面协调发展，更有利于实现中华民族的伟大复兴，并且两个文明之间相辅相成。

推动经济、政治、文化、社会、生态文明“五位一体”协调发展。经济建设、政治建设、文化建设、社会建设、生态文明建设“五位一体”的总体布局作为一个体系完整、意蕴丰富、互相联系、互为补充的有机整体，为中国特色社会主义行稳致远，实现中国特色社会主义现代化强国提供了总体遵循。“五位一体”总体布局囊括了发展的重要方面，是奔向强国之路的顶层设计，是中国式现代化的整体性方案。推进“五位一体”总体布局，必须坚持将协调发展理念贯穿其中，使协调成为各领域建设的“润滑剂”和“助推器”，助力各领域建设优势互补、资源共享、共同发展，积极挖掘各领域的发展潜能，补足各领域的发展短板。坚持以经济建设为中心，协调引领经济高质量发展，积极引导转换发展动力，将要素型发展转变为科技创新驱动型发展，推动数字经济以及新型信息化、城镇化的发展，协调资源向“三农”领域倾斜，助推现代化农业产业的发展，出陈易新，破除城乡发展弊端，协调形成社会建设新局面，协调经济建设“反哺”文化建设，统筹推进文化建设引领社会风尚创造和谐社会的体制机制建设。协调生态文明建设融入整体建设各领域，转换经济发展动能的同时，补齐经济发展弱项，为“碳中和”创造有利条件，积极引导发展低碳经济，挖掘新的经济增长点，助力信息技术与生物产业革命，辐射带动新型经济产业升级，统筹建立生态安全屏障，为经济建设与生态文明建设建立“缓和区”，更好地发挥生态价值的社会效益，为全球生态治理做出新贡献。协调政治建设与社会整体建设，增强政治建设的统领性地位，将以人民为中心的政治理念协调融入其他领域的建设，更好地实现发展全过程人民参与，发展成果人民共享，为国家整体发展注入强大活力，同时协调统筹政治建设与社会建设，助力推动现代化治理体系，加快提高社会共享共建水平。协调发展理念有助于推进“五位一体”总体布局建设：有助于引领经济建设推动区域协调高质量发展，健全区域协调发展体制机制，为美好生活的实现打下坚实的物质基础；有助于在发展中坚持政治大局意识，使经济的发展与政治的要求相协调；有助于引领文化建设，在发展经济建设的同时搞好精神文明建设，增强经济与文化发展的协调性；有助于提高全社会发展的平衡性、公正性，进一步促进社会和谐稳定团结，推动社会建设达到新境界；有助于引导经济建设进一步与生态文明建设相协调，促进资源节约、环境友好成为新的趋势，推动美丽中国的建设。

推进新型工业化、信息化、城镇化、农业现代化协同发展。由于我国的基本国情与发达国家的国情不同，我国在发展工业化、信息化、城镇化、农业现代化发展道路上要实现“弯道超车”，后来居上，此种局势决定了我国发展必然是一个“并联式”的发展过程。这种“并联式”的发展过程，促使我们走出一条新的发展道路。发展的目标就是要推进这四个方面的协同发展。因此，我们要立足于马克思主义理论，敢于结合实际，进一步对农村供给侧所存在的矛盾结构和性质进行改造完善，全面完善和优化乡村经济振兴发展的规划，掌握并推动区域统筹发展，进一步促进城乡之间协调发展等。

推进“四个全面”战略布局。“四个全面”战略布局是一个整体，缺少任何一个都是不完整的。在发展过程中要从整体出发，更好地发挥整体的功能。在全面建设社会主义的过程中，要着重强调全面深化改革和依法治国，全面从严治党，学会抓重点，加强社会主义法治体系建设，有秩序地促进社会主义现代化进程。

推进政府与市场协调发展。逐步协调政府部门职责和市场经济之间的相互关系，逐步转变政府部门职责，以促进政府部门职责和社会主义市场经济体制的发展相匹配。

统筹推进国内国际协调发展。世界的发展与进步，需要每个国家都融入进来。也就是说，世界发展需要每个国家的支持与协调，而这其中当然少不了中国。作为底蕴深厚的国家，中国将是必不可少的引领者和开创者。因此，我们必须牢固树立国情意识和世界眼光，更加自觉地站在国内国际两个大局相互联系的高度观察事物、思考问题、推动工作，奋力把我国对外开放事业不断推向前进。把国家的事业与国际社会的发展联系起来促进国家的发展，同时促进国际交流，把国际国内两个市场以及资源合理利用起来。

（二）打造共商共建共享的全球治理体系

1. 坚持共商理念——保证享有平等的政治权利

美好生活是什么样，谁说了都不算，只有人民群众自己说了才算。人民对公共服务有什么需要、对政治参与有什么期待、对生态文明有什么要求，只有人民群众自己清楚，所以要实现美好生活这个愿景，就要坚持共商理念，将社情民意统一到社会主义建设中，将人民当家作主体现到实现人民对美好生活向往工作上。

坚持共商理念，在国家发展中充分尊重人民群众的意见，充分发扬党内民主，广泛听取民声、汇集民意，以求达成一致共识。将人民意志作为国家决策与治理有效性的重要来源，围绕人民意志精准施策，发挥协商民主的独特优势，实现决策民主化、科学化。在我国，人民能够依据自身意志多途径参与政治生活。通过基层民主自治实现自己的事自己办，自己选举当家人，自己决定利益相关的大小事务，监督基层自治组织运行与决策，实现自我服务、自我管理与自我教育。在国家层面的政治参与中：第一，人民行使选举权，选举为自己发声的代表，由代表按照民主集中制的原则代替人民行使权力，参与国家管理与决策。第二，人民能够有效表达自身的意志，除了传统的协商民主途径外，人民还可通过座谈会、听证会、论证会等形式进行政治参与，也可借助互联网、新媒体、第五代移动通信技术（5th Generation Mobile Communication Technology，5G）等先进技术表达意见。两会上采取的部长通道、代表通道、委员通道，就是利用先进技术直面人民群众，问需于民、问政于民，让人民群众实现“共同建设，共同享有，共同发展，成为国家、社会和自己命运的主人”。

坚持共商理念，保证了人民享有平等政治权利，调动了人民参与共商的积极性。保证人民享有平等权利，一是从源头上遏制侵犯群众利益的行为。党的十八大以来，党中央坚决拔除内部毒瘤，营造风清气正的党内生态环境，取得了反腐败斗争压倒性胜利，以自我革新赢得了人民群众的信赖与支持，巩固了党的执政基础，中国共产党的先进性、纯洁性源于其始终代表人民利益。要坚持共商理念，就是要时刻警惕贪污腐败这个最大风险，正本清源，让人民群众感受到公平正义。保证人民享有平等权利。二是要提高群众政治参与积极性和参与能力。在社会生活中，由于个人在知识、眼界、能力、经济地位等方面存在差异，个人政治参与能力有高低、参与程度有不同、积极性有差别。因此，要继续完善社会主义民主政治体制，将坚定制度自信与不断改革创新统一起来，提高群众的政治参与能力与积极性。

坚持共商理念，共建新时代中国特色社会主义政治文明。第一，国家机关工作人员要自觉遵守法律法规，提高履职能力，严守法律底线与党纪底线，坚持人民利益至上。第二，人民要积极进行政治参与，多角度多方式在实践中锻炼政治能力，提高政治素养。第三，人民要通过积极的政治参与、民主监督等形式维护自身天然享有的民主政治权利。第四，要坚持把党的领导、人民当家作主、依法治国有机结合起来，使社会主义社会的三大齿轮共同运转，共同建设新时代中国特色社会主义政治文明。

2. 坚持共建理念——积极参与全球治理体系变革

世界是一个紧密联系的整体，各国都处于这个整体之中，要想取得重大发展，就不能脱离这个整体而存在。同时，国家间的发展差距也在不断拉大，各国人民的生活水平也参差不齐。世界各国处于相互联系的统一体中，这就对全球治理提出了新要求。对于全球治理，各个国家根据本国实际发展情况提出了不同解决办法，但是大多从本国利益出发进行考虑，没有考虑到全球的问题，不能促进共同发展。在这样的全球环境下，中国表现得非常突出，共享发展理念不仅能解决中国发展中的问题，也对世界发展有着重大意义，其内含共商共建共享的全球治理观为解决世界经济发展问题贡献了中国智慧。这很好地体现了我国对外的立场，我国勇于承担大国责任，在全球发展中不辱使命。

共商共建共享全球治理观，符合世界发展要求，具有实施的可行性。共商为共建提供前提保障，只有商议好政策，才能保障发展的顺利实施。同时一定要确保共建，发挥各国的力量来建设美好的世界。因为全球治理不是一个国家能够完成的，必须发挥各国的力量才能达到预期的治理目标。当然，共商共建之后要共享发展成果，因此可以说共商共建是前提，共享是目标追求，它们环环相扣、紧密联系。当前全球的治理困境突出地表现为单边主义、保护主义和个别大国的霸权主义损害了其他国家的权益，他们只注重资本的积累，忽视了不少发展中国家和相对落后地区的需求和发展机会。面对这样的国际环境，我国始终履行全球治理观，并且积极投身于治理改革中。这些都充分体现了中国在世界发展中的作用以及负责任大国的担当。我国一直以来都是爱好和平的，希望各国能够一起发展从而建设更加美好的世界。

3. 坚持共享理念——确保共享高质量发展成果

共享发展理念是对现代发展的反思，它继承了马克思恩格斯对共产主义的伟大构想，是社会主义发展伦理的生动彰显，生产将以所有的人富裕为目的。共享发展的最终目的就是实现全体人民共同富裕，通过共享实现人民群众物质生活与精神生活富裕，使人民全方位共享现代化建设成果，能够得到一切生活所需资料、发展所需资料、享受所需资料。现如今，新发展理念重塑共享发展理念，一是中国具备了相当的物质基础，有一定实力实现共享。二是生产资料公有制是实现共享的基础，将发展方向标定在实现民生福祉上。三是多年来的理论准备。共享发展理念的提出并非一日之功，共享发展理念的完善与社会整体进步紧密相连，从最初的共享经济成果，到共建共享，再到党的十八大以来，共享发展理念得到进一步丰富。在共享内容上，关注微观利益共享，强调共享机会平等、权利平等、共享范围扩大，从经济领域扩展到政治、文化、社会、生态等多个方面。共享主体是全体人民，但参与共享的前提是必须参与社会主义现代化共同建设，必须共建才能共享。在共享步骤上，设置更为科学，共享发展不能一蹴而就，必须是渐进共享的。

坚持共享发展，必须坚持满足人民美好生活需要的高质量发展。我国虽然已经取得了脱贫攻坚的胜利，全面建成小康社会，但横向比较西方发达国家，人民对物质生活需要的缺口仍然存在，脱贫攻坚成果有待进一步巩固，相对贫困仍有待消除，发展仍是解决我国所有问题的关键。新时代发展仍然要在提高生产力水平上下功夫，以坚实的物质基础提高共享层次与水平，追求物质共享、文化共享，社会建设成果共享与生态文明成果共享相统一。高质量发展，就是能够很好地满足人民日益增长的美好生活需要的发展，是体现新发展理念的发展。高质量发展更加关注是否实现人民利益、回应人民诉求、解决人民问题，是创新成为第一动力、协调成为内生特点、绿色成为普遍形态、开放成为必由之路、共享成为根本目的的发展，能够补齐制约人民美好生活的短板。

共享发展理念始终维护最广大人民利益，力求保证社会公正，人人都能享受发展成果，从而不断缩小贫富差距，带领全体人民走向共同富裕。中国作为负责任的大国，其胸襟如此之广，在发展本国的同时也不忘携手其他发展中国家一同发展。我国始终秉持永不称霸的原则，在国际上的地位举足轻重，并且有一定的国际影响力。因此，我国的一些号召能够被许多国家响应，共享发展理念就是对全球发展困境的深度反思，这是其提出的现实依据。

共享发展理念为一些国家发展问题提供了新的解决思路，有利于让世界各国人民的联系更紧密。认真贯彻该理念有利于提高各国人民的凝聚力，从而促进各国的健康发展。共享发展理念是在中国发展中被实践证明了的科学理论，它能够被其他国家所借鉴，从而解决他们在发展中遇到的问题。中国在为世界发展贡献智慧的同时对自身有更清晰的认识，帮助他国的同时还能让本国发展有一个质的提升，这都是因为有正确的发展理念的引领。这也更加印证我国在谋求自身发展的同时，也在积极帮助他国并对他国进行合理关切，希望发展能够惠及更多人，从而促进人类的共同进步。

开放发展是中国探索出的成功之路。如今的中国已逐步靠近世界舞台的中央，在推动人类进步、世界发展方面发挥着越来越大的作用，而面对当前世界经济格局变化的趋势，中国则要顺应发展潮流、抓住变革机遇、推动世界秩序朝着更加公正平等的方向发展。

第一，坚持对外开放，赢得主动。中国快速发展的原因之一在于充分利用了经济全球化的黄金时期。坚持“引进来”与“走出去”相结合，充分融入经济全球化发展大潮，从确立经济特区到经过艰难谈判加入世界贸易组织，再到设立经济自由贸易区，中国坚定不移发展开放型经济、实施全方位开放、发展对外贸易、吸引外商投资；充分利用了国内国外两种资源，实现资源互补、市场互接，为世界发展贡献了中国力量，成为世界经济增长的主要稳定器和动力源。未来，中国将继续把握好战略机遇期，以新发展理念指导新时代开放发展，以开放发展赢得参与全球事务的主动，以开放发展引领世界潮流，以开放发展共建人类命运共同体，做全球化的建设者。

第二，承担国际责任，凝聚发展共识。中国作为发展中大国，必须积极主动承担起变革国际治理体系的责任。始终坚持联合国的重要地位，坚持以联合国为核心的国际体系、以国际法为基础的国际秩序、以联合国宪章宗旨和原则为基础的国际关系基本准则。联合国在捍卫世界和平发展方面发挥着无可替代的积极作用，未来要继续支持联合国发挥重要作用，维护世界总体和平与地区安全，促进全球共同进步。践行多边主义，推动各国公平参与全球事务。坚决反对霸权主义与强权政治，坚决反对弱肉强食的丛林法则，摒弃冷战思维，实现国际关系民主化和法治化，确保国际法平等统一适用。维护各国主权独立、主权平等，实现事实上与实践中的各国平等，保障各国能够平等进行经济建设，平等享受发展成果，平等参与全球治理。凝聚共识推动发展，共同应对全球问题，实现各国平等协商对话、合作解决问题。协调多方利益，凝聚发展共识，让世界人民掌握世界命运，让世界用“一个声音”说话，将世界各国关于全球治理的主张转化为全球共识，形成一致行动。

四、正确处理改革、发展与稳定的关系

理顺改革、发展与稳定的逻辑，以稳定促改革、以改革促发展、以发展利稳定，是中国特色社会主义道路取得成功的一个重要因素。面对发展的困难和压力、面对人民的期盼和需求，发展中国家在谋求经济社会发展时往往会犯“急性病”。但是，走得太快容易跌倒。中国的发展就经历了这个过程。新中国成立以后，中国共产党带领人民迅速医治了战争创伤，在各个领域进行规划建设，形势发展良好。可是，社会主义改造时期留下了很多隐患。此后，更是对发展的速度做了盲目的估计，最终付出了一定代价。改革开放后，邓小平提出要“摸着石头过河”，

采取了渐进式改革，在方法上先行试点、逐步推广，取得了较好的效果。改革之前，认清国情和实际是最重要的，有多大的潜力和能力就追求多大的目标，盲目设置过高的任务和过快的速度会适得其反；改革发展还要处理好与稳定的关系，不考虑稳定，不仅会增加改革和发展的阻力，还会反噬改革发展取得的成果。发展中国家在确定发展目标规划之前，一定要对自己的国情进行细致认真科学的分析，并且在改革发展的过程中一定要维持稳定的发展环境，只有这样才能保证发展的速度与质量的统一。

第五章　社会治理建设进展及其存在的问题

在党中央全面创新社会治理的政策要求下，按照中国社会发展的新趋势和新要求，推行了一系列行之有效的社会治理举措，取得了实质性的进展。社会治理建设中聚合多元主体力量，化解各类社会矛盾，协调各种社会关系，从而提升社会治理效能，实现社会善治，推进中国社会治理能力现代化。随着社会现代化进程的加快，社会治理面临的问题越来越多，社会治理问题成为打造新的社会治理格局亟须解决的问题。本章分为社会治理建设的主要进展、社会治理存在的问题两个部分。

第一节　社会治理建设的主要进展

一、在简政放权中推进社会治理体制创新

所谓简政放权，应该分开来理解，即简政和放权。简政主要体现在以下三个方面：一是简化办事流程，这里的办事流程不仅是对外的流程，组织内部的流程也应该进行优化，只有对流程进行了简化，才能提高办事效率。二是简化政府机构，将职能相近的部门进行合并，把若干小部门合并成一个大部门，或者将有关联的部门放在一起构成一个整体，如现在的行政审批局，就是将审批类项目集中于一个部门统一管理。三是精简工作人员，严格控制政府部门的劳务派遣制人员数量，在总编制不增加的情况下，对内部编制进行合理调整，将人员进行合理使用。放权主要体现在以下三个方面：一是放权到下级部门，如中央将一些审批权限下放到地方，地方对实际情况更加了解，能够摸清底细再进行审批，同时也方便相关企业办事。二是放权到市场，即取消一些行政审批事项，将政府不该管的彻底放手给市场，通过市场竞争来实现优胜劣汰。三是放权到社会，将原来一些

属于政府的工作放权到社会组织，既可以增强社会组织的活力，也能够减轻政府的负担。简政与放权两种改革方式是相辅相成的，精简了政府机构和人员就必须将部分事权放出去，减少了一些事权，相关的政府机构和人员也就随之撤销。简政放权一方面可以激活市场活力，降低市场准入门槛，真正实现市场在资源配置中的决定作用；另一方面是对政府原有体制的改革，有利于改善政府工作方式，提高行政效率，优化国家治理能力。

简政放权是中国政府社会治理创新的外部表现形式之一，也是自改革开放以来中国政府社会治理创新的一个重要方向。近些年来，中国政府在简政放权方面有着许多实践，也取得了很多成果，如制定政府权力清单、“放管服”改革等，有效破解了一些制约企业和群众办事创业的体制机制障碍。政府在社会治理中要继续做好简政放权相关工作：一是继续深化行政审批制度改革。行政审批权是政府重要的权力之一，而根据经济社会发展形势对行政审批权进行改革与调整是政府社会治理创新的题中之义。多年以来，中国政府一直在不断深化行政审批制度改革，也取得了一系列积极成果，对促进经济社会发展起到了积极作用。今后在前期行政审批制度改革的基础上，要继续逐步削减行政审批权，确需保留的行政审批事项也要进一步简化审批手续与流程。同时，要重视建设全国性的行政审批网络服务平台，实现全国各行政审批部门之间的互联贯通，大力提高行政审批工作效率。二是继续全面深化商事制度改革。商事制度与经济发展密切相关，中国经济将从降速阶段转向提质时期，经济的转型迫切需要新的市场主体的进入，也就迫切需要加速商事制度改革。今后，要继续深化商事制度改革，重点要考虑如何让各地根据实际情况有效落实既定的改革措施以及如何寻找新的改革突破口等，同时还要关注市场主体普遍反映的“市场竞争激烈”“招工困难”“成本高”等新问题。三是全面推行权力清单管理制度。当前，中国省、市、县三级政府部门基本上都建立起了权力和责任清单制度，并依法依规向社会进行公布，这可以说是政府行政制度改革中的重大进步。迈向高收入阶段，市场主体和人民群众对权力的透明性的要求将更高，要继续坚持权力和责任清单制度，并将其不断完善，同时要全面实施市场准入负面清单制度。四是努力优化政务服务。党的十八大以来，一些政府部门“门难进、脸难看、事难办”现象大大减少，政府形象在社会公众的心目中也大大提升，政府政务服务水平也得到了大大提高。但是，政务服务还有很多方面与内容有待进一步提升。在社会治理发展中，社会公众对政府政务服务水平的关注度将会进一步提升。从政府部门的角度来说，要重视政务大厅建设，推行“一站式受理”“首问负责制”等服务理念与措施，力争让公众花最少的时间办事，不断提升社会公众对政府的满意度。

二、在重心下移中强化基层社会治理

党中央和各级党委政府越来越清醒地认识到，社会治理的重点和难点都在基层，所谓“上面千条线，下面一根针”。中共中央办公厅、国务院办公厅先后印发《关于加强城乡社区协商的意见》《关于深入推进农村社区建设试点工作的指导意见》，民政部会同中央组织部印发《关于进一步开展社区减负工作的通知》，进一步完善了基层社会治理的定位、架构、方法等，为加强和创新基层社会治理奠定了制度基础。各地按照“重心下移、力量下沉、保障下倾”的要求，推进街道和社区管理体制改革。全国各地普遍推进社区减负工作，向社区投放和转移更多的人财物等资源。社区、社工、社会组织“三社联动”的局面正在形成，社区新型治理的模式和做法不断涌现。“网格化管理”“门栋自治”“院落自治”“楼宇自治”“业主自治”“社团自治”等多种社区治理形式在许多地方推行。

新中国成立后特别是改革开放以来，我国基层社会逐步走上了制度化、法治化的轨道，尤其是广西壮族自治区的合寨村成立第一个村民委员会以来，以村民自治和居民自治为代表的基层社会治理逐渐发展起来，基层社会治理取得了良好的效果和显著成就。一方面，基层民主制度建设取得重大进展；另一方面，基层社会治理的主体结构和规范不断完善。

第一，基层民主制度建设取得重大进展。在我国，基层民主制度主要是指基层群众自治制度，是人民直接参与国家事务和社会事务管理的重要形式。党的十七大上，“基层群众自治制度”首次被写入党代会报告，并被纳入中国特色政治制度的范畴，这为基层群众直接参与社会公共事务的管理提供了制度保障。基层群众自治制度是我党在汲取马克思主义民主思想的基础上与中国基层实际相结合所探索出的具有中国特色的民主制度，它拓宽了基层群众参与社会治理的渠道。在基层群众自治制度下，我国村（居）民自治机制不断完善。一是在民主选举上。基层党组织加强了对村（居）民委员会换届选举的领导和把关，保障了选举的规范性；村（居）民在实践中创新出众多选举办法，如“海选”“一步法”等，保证了选举的公正性。二是在民主决策上。村（居）民参与民主决策的形式不断丰富，如社情民意反映制度、专家咨询制度等，这拓宽了群众反映意见的渠道，保障了基层群众的决策权。此外，部分地区还逐渐探索出村民直接参与村庄公共事务管理的“公决制”，即村庄的重大公共事务、宅基地使用等由全体村民投票表决来共同决策。三是在民主管理上。各个村（居）民委员会通过制定完善的村规民约和居民公约，明确规定了民主管理的内容，涉及管理各城乡社区内部的公共事务、协调邻里纠纷或利益纠纷、维护社区卫生环境和社区治安等，使基层群众真正做到自我管理和自我服务。四是在民主监督上。各村（居）民委员会普遍实施事务公开制度，定期及时公布社区的政务信息和财政信息，保障了基层群众的知情权和监督权，述职、问责机制逐步完善，保障了基层村干部的廉政建设。此外，利用新媒体等新型平台进行民主监督已是大势所趋，这不仅拓宽了基层群众民主监督的渠道，也提高了村（居）民委员会工作的透明性。

第二，基层社会治理的主体结构和规范不断完善。改革开放以来，我国基层社会治理呈现出一种三元权威的结构，即党的基层组织、政府以及基层自治组织。其中，党和政府由于自身的权力属性等因素在基层社会治理中居于主导地位。党和政府作为公共权威对基层社会治理的创新具有无法替代的作用，它们不仅推动了基层社会治理方式、制度的改革，还利用经济、法律等手段规范着基层改革的方向和进程。当然，基层社会治理最重要的主体当属基层群众。基层群众的能力、素质以及参与的态度是实现基层社会治理的重要基础。在乡村社会治理过程中，随着经济以及教育事业的发展，越来越多的有用之才投入家乡的建设，这类人群可以归属为乡村精英，他们不仅文化水平高、管理能力强，还具有强烈的共同体意识，为乡村治理走向良治提供了源源不断的管理才能和技术。此外，随着经济的发展，越来越多的民间自治组织诞生，有的是政府倡导成立的，有的是自发成立的，然而无论是正式组织还是非正式组织，在基层社会治理中都发挥着不可替代的作用，分担了党政提供公共服务、管理社会的压力。同时，随着基层社会治理主体结构的不断完善，我国基层社会治理的法律规范也逐渐走向正轨。可以说，我国基层社会治理正在逐渐形成一种《宪法》和法律规范与传统习俗规范相结合的规范体系，它们的有机结合引导和制约着我国基层社会治理的实践与探索。基层社会治理实质上是国家权力向基层延伸并为基层社会订立规则的过程，是维护社会秩序的重要途径。

目前，规范我国基层社会治理的最高法律就是《宪法》，此外就是各种法律法规，如《中华人民共和国村民委员会组织法》《中华人民共和国城市居民委员会组织法》等。除了国家制定的法律法规，基于传统习俗所制定的乡规民约等社会契约也成为基层社会治理实践的价值规范。当前，中国农村和城市社区的村（居）民委员会订立乡规民约和市民规约已经成为普遍趋势，这约束着村（居）民民的行为，与国家制定的法律法规互为补充。总之，当前我国法律法规和传统习俗规范的共生性机制推动了基层社会治理过程的规范化和程序化。

党的十八大以来，我国各地区在习近平总书记关于基层社会治理重要论述的指导下，因地制宜，积极进行创新治理，取得了重大成效，积累了丰富的经验，这充分显示出基层社会治理重要论述的时代魅力。其一，基层社会治理走向精细化，治理资源得到有效整合。随着社会格局的调整和社会利益需求的多元化，传统粗放式的管理模式不再适应社会发展的需求，精细化的治理模式将是我国社会治理和发展的主导性策略。精细化治理包括技术和服务两个维度，其重要标志是通过信息技术精准掌握基层的动态信息，满足居民的不同需求，为居民提供精准和智能化的公共服务。基层社会治理重要论述蕴含“数字化”“智能化”“多元化”的思想，为我国基层社会治理走向精细化提供了路径选择。从治理主体来看，党的十八大以来，在习近平总书记基层社会治理思想的指导下，我国基层社会治理摆脱了政府单一化的管理模式，转变为主体多元化的治理模式。其中，党组织在基层社会治理中起着领导作用，而政府则由自上而下的管控转变为以协调为主，社会组织的数量也明显增加。从治理方式来看，在习近平总书记基层社会治理思想的指导下，我国治理方式走向智能化。各地在治理中普遍运用信息技术以提高治理的效率。其二，基层社会各项事业的发展成绩显著，社会更加和谐有序。各地区落实习近平总书记基层社会治理思想取得的治理成效的一个有力说明是社会各项事业取得的成就。在医疗卫生方面，我国基层医疗机构数量明显增加，卫生技术人员数量也不断增加。可见，在习近平总书记强调的基层社会治理要实施专业化手段的指导下，我国医疗卫生事业越来越注重对专业技术人才的吸纳。在就业方面，各地积极响应习近平总书记强调的要把就业工作摆在突出位置的号召，鼓励农民回乡就业、创业等多渠道就业。在社会保障方面，基层社会保障体系愈加完善。此外，针对人口老龄化等问题，养老服务业不断发展，养老机构数量有所增加，大大满足了各地的养老服务需求，也减轻了政府养老的财政压力。在社会治安方面，我国基层的重大恶性案件得到有效控制，群体性治安案件有所减少，基层社会秩序呈良好态势，群众安全感明显增强。此外，精准扶贫取得的成效、基层干部治理能力的提升、基层社会治理格局的不断完善等都是在基层社会治理思想的指导下取得的重要成就，这充分证明了基层社会治理符合时代的需要和现实的需要，并且需要我们进一步贯彻落实。

三、在社会组织改革中激发社会发展活力

近年来，中国社会组织快速成长、发展迅猛，在政治、经济、社会、文化等领域发挥了巨大作用，其在公共服务和社会治理层面的价值逐渐被挖掘出来。国家、市场、社会是现代人类发展的三大基础，而从组织形式和主体而言，国家层面对应着政府组织，市场层面对应着企业组织，而社会层面对应的就是除政府组织、企业组织之外的第三类组织。特别是改革开放后，随着中国市场经济的确立，经济快速发展，民主政治和社会改革也相应开展，人民的生活质量和民主意识迅速提高，城市和乡村中出现了大量的既不属于政府组织也不同于企业组织的第三类组织，包括各种社会团体、基金会、各地商会、行业协会、理论和实践研究的学会以及互助会、慈善会、兴趣会等组织，还有为社会提供公共服务的民办教育机构、民办医疗卫生机构、民办养老机构、民办文化艺术机构等组织。这些组织与我们意识当中的政府组织和市场组织完全不同，小到社区文化，大到抢险救灾，这类组织都积极参与，并表现出了与众不同的价值作用。

社会组织是政府组织和经济组织以外的，以自愿参与、自我组织、自主管理为基础，以社会公益活动或者互益活动为主旨的一类组织。社会组织主要包括社会团体、基金会、民办非企业单位、群团组织、部分事业单位、部分中介组织、社区活动团队及尚未注册的草根社会组织。

从社会组织治理的含义来看，其主要分为外部治理和内部治理两部分。社会组织治理是社会各方面力量通过协作的治理方式实现对社会组织的共同治理，是多元治理主体之间相互沟通协调、持续性的互动过程。社会组织治理是国家治理

现代化背景下，原有政府对社会组织管理向国家对社会组织治理的现代化转型。社会组织治理与原有的政府社会组织管理有以下区别：一是主体不同。社会组织管理的主体是政府，是单一化的管理主体，政府作为唯一的主体对社会组织进行管理。社会组织治理的主体则具有多元性，不仅包括政府，而且包括政党、社会组织、企业、媒体、公民等各种主体，他们共同参与社会组织的治理。社会组织不仅仅是治理的对象，同时也是治理的主体之一。二是权力来源不同。政府的管理权来自权力机关的授权，尽管权力机关授权从根本上说是人民授权，但人民行使权力毕竟是间接的。而治理权当中的相当一部分由人民直接行使，这便是所谓的自治、共治。社会组织的自治体现了人民直接行使权力的理念与权力运作关系，公民个人、社会组织各自所代表的社会主体，通过自我管理的方式实现社会组织的良性治理。三是机制不同。传统的社会组织管理机制是一种单向的、强制的、刚性的管理机制，是政府高高在上的、以自上而下的方式对社会组织进行的刚性管理。社会组织治理则实现了治理机制的变革，权力的方向成为平等的、双向的互动关系，政府与社会组织之间形成一种合作治理机制；对社会组织的治理已经不再以强制为前提，而是以政府与社会组织之间，社会组织与社会组织之间，社会组织与企业、个人之间的平等的协商共治机制；管理方式已经不再是一种刚性的管理机制，而是以共赢、合作、参与为基本特征的柔性机制。

因此，社会组织治理主要具有以下含义：一是治理的客体是社会组织，是治理主体对社会组织的治理，是对社会组织进行的一种外部的治理过程。二是治理的主体是国家的多元主体，包括中国共产党、政府、枢纽型社会组织、媒体、公众等国家治理的多个主体。三是在国家治理体系和治理能力现代化的背景下，党的十九届四中全会通过《中共中央关于坚持和完善中国特色社会主义制度、推进国家治理体系和治理能力现代化若干重大问题的决定》，将中国国家治理引入了一个全新的发展阶段，也为中国社会领域推进和完善治理体系和治理能力现代化提供了契机。中国社会组织治理的改革也是在这个背景之下提出的。

活力是指旺盛的生命力，从个人来讲，活力是指一个人旺盛的生命力，行动上、思想上或表达上的生动性，是一种积极向上的状态。社会是一个超乎个人的有机整体，是由有一定的联系、相互依存的人们组成的。社会关系是由人与人之间的相互作用、交往和互动所形成的，是人的生命共同体。所以从理论的角度归纳社会活力，就是社会这个有机体散发出来的积极向上的生命力，其中包括社会主体的力量，即个体的人的主动性与积极性。社会活力是在社会实践的基础上产生的，是社会中各因素焕发出来的一种积极向上的状态，是客观社会存在的一种积极向上的发展趋势，也就是说，社会活力是一种基于客观现实的价值判断。作为一种客观事实，社会活力是基于社会实践的一种状态分析，是构成这个社会的各个因素呈现的一种发展状态，即社会各因素的运行趋势、发展态势。作为一种价值判断，社会活力是一种对社会发展指标的考量。社会的稳定发展离不开社会活力，社会活力的提升更是治理水平提高的表征。社会治理中的社会活力指的是在社会治理实践中，社会治理体系各个构成因素的状态，即社会治理主体和社会治理机制焕发出来的一种积极向上的状态。

随着中国经济体制改革和社会改革的深入以及经济下行压力的加大，更应清理不合理的行政壁垒，降低市场交易成本，为建设创新型国家营造更为公平的外部环境。国家按照政社分开、权责明确、依法自治的原则，坚持一手抓发展、一手抓管理，引导和规范社会组织健康发展。中央连续出台规范性文件，内容涉及对社会组织参与社会治理的扶持、对社会组织和群团组织的体制改革等，主要政策文件包括《国务院办公厅关于政府向社会力量购买服务的指导意见》《关于加强社会组织党的建设工作的意见（试行）》《关于通过政府购买服务支持社会组织培育发展的指导意见》等。各地普遍采取积极措施，建设社会组织“孵化器”培育基地，通过为入驻社会组织提供行政办公后勤、政策法律咨询、项目策划、服务指导、交流培训、资源链接以及财务托管、人事托管、网站托管等一系列服务，为社会组织的发育成长提供便利条件，提升社会组织发展能力，激发社会组织活力，对以工会、妇联、共青团为代表的群团组织改革发展指明了方向，为焕发群团组织的生机活力、有效参与社会治理注入了强大动力。

四、在治理主体多元化结构中注入社会治理活力

社会治理主体结构的动态优化表现为治理主体的多元化、协同化趋势。因为社会由人构成，社会治理的主体也是人，社会治理主体结构的优化意味着社会中除政府之外的其他社会力量的广泛加入，是社会多主体在达成利益共识下做出的行为选择，是一种自主行为，其中暗含着社会多主体自主意识的积极作用。因此，

社会多主体的自主性的激发，推动了社会治理主体结构的动态优化，为社会治理实践注入了活力。

社会治理不是单一主体的治理，是党和政府领导下的，公民、市场、社会组织等各类社会力量的协同治理，主体关系上呈现一种相互平等、对话协商、交流合作的状态。这种关系状态是一种有序且多样的排列组合，协商合作的现实目的是实现公共问题的合理解决，达到社会利益的最大化。合作的过程是对各方力量和诉求的充分尊重，调动多元治理主体的社会参与积极性。在这两个前提下，政府对社会多方力量共同参与的积极引导、政策支持是社会治理共同体形成的一个现实因素。从这个过程中可以看出，我国的社会治理主体结构呈现出多元化、协同化的特点。

（一）社会治理主体构成的多元化

多元化意味着主体地位的提升以及主体诉求得到重视。在我国社会治理的多元主导角色定位中，党中央发挥核心的领导作用，对加强和创新社会治理具有顶层设计的指导性；政府部门主要负责按照党中央提出的政策路线和方向，维护社会治理系统中的各利益集体之间的关系、完善社会治理整体运行机制和制定有关加强和创新社会治理的相关政策，整体部署治理具体问题的相关内容安排，不限于提供社会公共服务、解决社会矛盾纠纷、完善社会福利机制等。加强和创新社会治理要求政府简政放权、转变自身职责、整体工作安排上合理部署。社会公众在治理过程中则扮演参与者的角色。在参与过程中，公民通过对政府和其他治理主体的行为进行监督，表明对社会治理的问题态度和对公共事务的关心。社会组织和其他私人或公众机构在社会治理中，能够有效弥补政府在具体事务上的欠缺，起到重要的补充完善的作用，在提供公共服务中展现自身优势。在中国特色社会主义社会治理中，党委、政府、社会组织、公民大众等都是社会治理过程中的参与者和执行者。

社会治理的主体结构优化，在扩大治理主体的力量的同时，完善了主体结构成分，提升了治理主体结构的稳定性。强调其他参与者的主体地位，有利于增强各主体对公共事务的归属感，即心理上的认同感，有利于强化公民的参与热情，提升其参与社会治理的积极性，激发其参与活力。随着社会、经济、政治、文化的多元化发展，社会开放水平不断提高，社会利益主体逐渐丰富，多元利益的个性化特征显现。为了维护自身的合法权益，多元社会力量必须参与到社会公共事务治理之中，扩大自身的参与广度和参与深度。社会治理中主体结构的多元化、平衡化趋势，有利于激发这些社会力量的特殊作用的有效发挥，有利于为社会治理结构的优化注入新鲜活力。社会治理主体结构的多元化趋势意味着多元主体的诉求在社会治理过程中被重视，同时，在一定程度上多元治理主体的合法权益得到了实现，提升了多元治理主体的参与感和获得感。在多元主体达到参与社会公共事务治理的目的的基础上，主体的参与热情进一步被调动。主体结构的多元化趋势，提升了其他社会力量参与社会治理的积极性，有利于激发治理主体的社会活力。

（二）社会治理主体参与的协同化

不同治理主体之间的协同合作是社会治理的第一要义。这种协同化的社会治理主体结构是对传统社会管理、社会治理主体之间的关系的重新塑造。这种协同化的发展趋势突出强调各主体之间的和谐与平等，在这种趋势下构建的合作关系是民主、自由的关系。

首先，社会治理主体关系的协同化发展不是整齐划一的固定模式，而是可持续的、动态的，并非一蹴而就，也没有固定的现实标准，而是针对不同的社会问题，具体问题具体分析，发挥其特殊优势。社会协同治理是以政府为主导，多元主体共同参与，合理协调各方力量，能够优化社会治理资源、创新社会治理体制、发展社会治理民主。

其次，社会治理主体关系的协同化强调的是处理问题的协作和现实目的的统一。在协同处理公共事务的过程中，治理主体结构的协同化发展，强调多元主体之间的合理配合和相互协作，强调化解利益矛盾的现实问题，通过问题协商、相互理解，解决社会各种矛盾问题。

最后，社会治理主体关系的协同化是各种社会力量的优势组合。在社会治理主体协同合作的过程中，不同治理主体之间优势互补，促使社会治理的效益最大化。其中，政府统筹管理、总体规划上充分调动其他社会力量的积极性，发挥其权威性的统领作用。政府充分尊重其他社会力量的主体地位，为各种社会主体提供多样化的途径与渠道参与社会治理，参与社会治理途径的拓宽有利于进一步拓展群众参与的广度和深度，有利于实现社会协同治理的民主化，使得社会主体之间的关系更加和谐，只有在这种和谐的关系中，社会主体的参与活力才能提升。

社会治理主体结构的多元化与协同化表现是我国社会治理体系中治理主体活力的重要表现。党和政府的政策支持拓宽了多元主体参与社会治理的渠道，为主体活力的现实化提供了可能。思想引领与现实实践的双管齐下，为社会治理主体活力的激发创造了空间。

五、在信息化建设中统筹社会治理

信息技术和互联网的快速发展在促进经济社会创新性发展的同时，也给传统现实社会治理带来了巨大的挑战。因此，一方面，如何充分发挥互联网的优势，利用大数据等技术推动社会治理的现代化，使人们的生活变得更加美好；另一方面，如何依法规范网络秩序，减少网络虚拟社会的负面功能，成为现代社会治理体制创新遇到的新情况、新问题和新任务。

（一）在科学技术支撑中推进社会治理建设现代化

科学技术作为一种社会变革性力量，是社会生产力的先导，是社会治理现代化的重要支撑，为社会治理现代化提供了技术路径。在新一轮科技革命带来的巨大变化下，社会治理领域也将迎来巨大变革，这种变革为拓展社会治理的新领域创造了条件。科学技术作为非制度性因素的重要性日益显现，对促进社会治理现代化具有重要的支撑作用。

1.科学技术支撑社会治理现代化

党的十九届四中全会公报在构建社会治理体系方面，首次增加了有关“科技支撑的社会治理体系”的表述，强调了科技支撑对社会治理体系建设的积极作用。“科技支撑”作为社会治理现代化的强大工具进入党和国家的重要文件。产业革命的发展使科技进入实际应用，而我们需要关注的是科技如何在社会治理中发挥其支撑作用。

首先，科学技术支撑社会治理民主化。我国的民主是全过程民主、直接民主，因而在治理的实践过程中强调自治与共享，鼓励参与者自我表达、协商、对话、共识，形成公共政策。如今，科技的发展越来越快，科技已经具备了融入社会治理的条件。随着互联网、大数据、云计算、AI 等技术的成熟，将这些技术融入社会治理实践，发挥数据在算法、AI 等方面的优势，让广大人民群众和各类治理主体拥有广泛的参与渠道，可以有效实现治理的民主化这一目标。也可以发挥各主体的优势，社会治理的联合共治成为现实，实现社会治理模式由碎片化向网格化的转变。碎片化的实质是一种彼此隔离、不合作、非协调的状态。治理碎片化这一状态发生在政府主体之间、政府部门之间、政府部门与社会组织之间。而在中国，政府各部门、各层级一直都存在某种程度上的专业性，倘若不能及时有效地相互协调、彼此沟通，极容易导致治理碎片化的发生。例如，部门间的各自为政、低效率的整体运行、资源的闲置和浪费、无法合力解决和应对重大问题及突发事件等。从功能层面而言，政府治理碎片化将会导致以下问题的发生：第一，治理碎片化会增加政府的额外治理成本，因为其所造成的治理损失必将由其他部门承担；第二，治理碎片化模式会耗费额外的人力、物力，从而造成资源浪费；第三，治理过程中将不可避免地产生矛盾与摩擦；第四，治理碎片化将使目标不再统一，最终引发分歧；第五，治理碎片化会使部门间无法协调沟通，进而延误问题的解决；第六，治理过程中会出现公共服务供给不足的问题。网格化社会治理是在街道、社区或网格等区域范围内，处置单位运用网格化管理信息平台等数字化、信息化手段来处理社会事件，最终实现市区联动、资源共享的一种管理新模式。网格化社会治理按照科学适宜的划分依据将需要治理的空间区域划分为合适数量的网格单元，网格员以基础网格为单位，通过运用具有数据基础的综合管理信息平台来管理事件，最终实现县（市、区）—镇（街道）—村（社区）—基础网格四级层级联动，巡查与治办分开，职权清晰，考评科学有依据。网格化社会治理的实质内容包括：一是治理的精细化。把治理区域范围按一定的标准划分为若干网格，实现分条块管理，从而提高社会治理的精细化水平。二是治理的信息化。强调运用现代化、数字化、智能化的网格化管理信息平台来高效地满足社会治理需求和居民需求。三是治理的动态化。网格化社会治理系统不是一个独立封闭的系统，而是逐渐实现各网格之间的联动与合作，达到“多网合一”的动态化治理。

其次，科学技术可提升社会治理效能。社会治理的效能是社会治理的重要目标。这一目标的实现，将使社会的运转更加高效，治理的成本将会更低。随着科学技术的发展，当今的技术已经具备实现这一目标的能力和手段。一是现代科技提供治理的技术手段。科技越发展，信息的普及程度就越高，但也意味着风险的增加以及社会的复杂性提高，治理的对象也发生了转变，由有限治理转变为系统化的全面治理。这就要求我们必须转变治理的观念，自觉地将科技运用到治理的过程中，将技术社会化，为系统治理提供手段，提高各主体的协同治理能力，实现社会治理主体的大联合。二是科学技术融入社会治理，不仅提高了各主体的协同治理能力，实现了社会治理主体的大联合，也在技术层面实现了各主体之间的共性与个性的结合。三是现代科技提升了政府数字化服务水平，这大大提高了社会治理的效率。总之，政府、市场和社会机制必须协同合作，提高治理体系的整体效率。

最后，科学技术可提升社会治理智能化水平。治理的智能化是社会治理现代化的必然，也是社会治理现代化的题中应有之义。社会治理智能化的实现，除了能够实现社会治理的高效率，还能使治理更加便捷。互联网时代的到来，使信息的应用更加普遍。一方面，治理智能化的前提是信息技术融入社会治理的实践，将移动互联网、大数据、云计算、区块链、AI 等信息技术全面融入社会治理，能够有效地提升社会治理的广度和深度；另一方面，信息技术使人与人之间的交流变得简单高效，使人的社会关系的形态发生了变化。新的交流样式使得社会治理过程也必然发生改变，治理方式更加优化，决策也更加高效和科学。从技术层面而言，信息时代，互联网、大数据、云计算、AI、物联网等信息技术融入社会治理，必将对社会治理产生重大影响，也将有效破解社会治理实践中出现的各种难题。科学技术是社会治理体系和治理能力现代化的重要内容和基础支撑。

2. 新兴科技在深层次上推进社会治理现代化

科技既是执行政策的方式，也是制定政策的工具，还是理解政策的基础。随着技术特别是信息技术的快速发展，政府与社会的协作关系更加紧密，在治理实践中，治理主体的参与效率以及积极性也得到了提高，有利于政府的政策决策更科学、更合理。要想理解数字政府和数字政府背后的治理意义，互联网思维和数字思维是不可或缺的。在一定意义上，我国社会治理现代化的过程也是科技治理理念、治理逻辑现代化的过程。科技革命推进了技术工具的进步，新兴科技的不断出现为社会治理现代化提供了技术路径。

在治理主体方面，新兴科技在社会治理实践中的应用，有利于治理的各主体更便捷地参与到社会治理实践中。治理的各主体参与到社会治理实践中，一方面，有助于治理与被治理角色的变换，从而丰富治理的内容；另一方面，新兴科技对治理主体参与治理实践更好地赋能，从这个层面而言，不仅能丰富治理的内涵，还能提高治理的效能。新兴科技赋权社会治理，不仅可以提升社会治理现代化的效能，还可以进一步增强社会可持续发展的能力，推动社会治理现代化。

在治理方式方面，新兴科技应用于社会治理，可以丰富社会治理的手段，使治理手段更加多样化和专业化。新兴移动设备的使用使治理更加趋于智能化，数字化解决方案将融入社会治理，无论是乡村还是城市，智慧治理一体化更加突出。新生命技术的植入使健康治理行之有效，新材料技术在环境治理中的应用使环境治理更加高效，新兴科技解决社会问题的手段也越来越丰富，推动着社会治理现代化。

社会治理现代化的核心是人，人民对美好生活的向往成为社会治理现代化的内在动力，美好生活需要的实现靠发展，发展需要依靠科学技术和科技创新发展。一方面，科学技术是加快推进社会治理体系和治理能力现代化的技术回应；另一方面，新科技革命在深层次上推进社会治理现代化，对社会治理现代化起着重要的推动作用。科技创新需要政策鼓励和制度保障，而社会治理体制作为制度性因素，在保障社会治理现代化方面发挥着重要作用，并推动着社会治理现代化的实现。

（二）依法规范网络秩序

近年来国家相继推动“互联网 +”和大数据战略的同时，建立了国家网上信访系统，鼓励和支持群众运用网络手段表达意见、反映诉求。在享受信息化建设成果的同时，进一步加大对互联网虚拟社会的治理力度，先后出台的《即时通信工具公众信息服务发展管理暂行规定》（“微信十条”）、《互联网用户账号名称管理规定》（“账号十条”）和《互联网新闻信息服务单位约谈工作规定》（“约谈十条”）表明，互联网信息主管部门正采取“柔性的治理方式”，通过划定“底线”以及号召“自律”来解局，强调“底线思维”，规范网民上网行为。各地开展智慧城市、智慧社区建设，充分运用现代科技信息手段推进社区治理网格化和精细化，运用“互联网 +”进行社会治理方式创新。

（三）AI 融入社会治理

主要来看，AI 与社会治理的融合体现在以下四个方面。

1. 治理触手方面

治理触手，即治理信息与需求的获取手段。所有社会治理需要解决的问题、需要回复的议题、需要分析的信息，都需要通过一定的手段先行获取，才能进行进一步的处理和反馈。在工业时代之前，社会的治理触手通常为各级政府及相关人员等，通过人力的汇聚，接收与发现社会问题，完成治理过程的初始传递。这种传统方式效率低，整体治理水平取决于当时的官员体系和人员水平，信息的传递基本以人力为主，地域隔绝性和层级不透明度非常大，可以说是纯粹的“人治”。信息时代以后，随着一切互联互通，万物感知的程度在相当短的时间内深入社会各层面，人的作用不断弱化，需要处理的问题与事项也随之海量井喷，进一步推动了 AI 的发展以及其与社会治理的融合。AI 在数字化和网络化的基础上，能够完成传统治理所无法完成的瞬间性的信息获取、数据感知、精准计算、统计分类，成为现代社会必不可少的智能治理触手。

2. 治理模式方面

社会治理模式的发展，也正在经历从自上而下的“治理”到自下而上的“服务”的本质转变，认同的标准也从管理层对老百姓“太平”与否的判断，一步一步改变为公众对政府“作为”与否的判断。这也同步造成所谓公众的日益觉醒和“挑剔”，成为一把双刃剑，在推动社会复杂需求不断得到满足的同时，对传统公共服务普遍性的提供模式提出改革需要。AI 的融入，从智能识别、智能审批、大数据智能推送、点对点手机端智能定制等各方面，逐步实现社会公共诉求的精准化识别和社会公共服务的个性化提供。

3. 治理同步方面

传统治理过程中海量的身份查验、资料审核、材料传输、数据核算等原本耗时较长的事项，逐步转变为人脸识别、智能审核、图像处理、自然语言对话、AI 助手等托管，将治理同步性提升为近乎实时。同时可精确识别违法行为与流程错误并记录在档，直通上下，打破“人治”的信息壁垒和寻租空间，在社会治理的整体过程中，逐步实现完全区别于传统治理的全时、全域、全对象的无差别监管。

4. 治理决策与联动方面

在“数字治理”和“数据治理”的基础上发展而来的“智能治理”，区别于之前两种发展进程的重点在于“数据驱动、算法支配、纵横协同、智能决策”，尤其是“纵横协同”与“智能决策”。真正高效的社会治理，不单单要求单条业务线的流程数字化、信息数据化，更要求整体工作的上下贯通、左右联动、取用复用，包括相关数据的合规取用、基础组件的功能复用、同一部门的业务统筹、不同部门的相关联动和整个社会治理层面大面积映射和牵动的互助互动，这都在AI的融入下成为可能。而不论哪个时代，决策都是社会治理的核心。传统社会治理中，治理决策的制定合适与否，不但受决策层的影响，也在很大程度上受信息不透明性的限制，在相对有限的数据支撑中，主要取决于决策层的主观判断。AI辅助决策的功能，建立在大数据、精算超算、图形可视化等智能技术应用之上，能全面、客观、科学地为决策层提供决策依据和数据支持，甚至能自动生成备选方案，并根据实时状态不断自我演进，辅助决策层调整治理方向，提高治理质量，完善治理成果。

六、在构建公共安全体系中防范和化解各类风险隐患

坚持安全发展、确保公共安全是社会治理创新的重要任务。颁布实施修订后的《中华人民共和国食品安全法》《中华人民共和国安全生产法》等法律法规，进一步强化了在公共安全体系建设中的政府领导责任、相关部门的监管责任和企业的主体责任，努力构建一张立体化公共安全网。针对安全生产领域重特大事故仍然高发频发的现实，进一步加强管理、强化责任，要求各级政府和各类企事业单位完善和落实安全生产责任和管理制度。针对高速铁路、城市轨道、油气管网等重点领域和煤矿、矿山、化工、烟花爆竹等重点企业，开展安全隐患专项排查整治。加强对各级领导干部公共安全知识和处置突发事件能力的培训。在网络安全方面，近年来中央设立了中央网络安全和信息化委员会，确立中央网信办为国家网络空间安全和信息化的统筹协调及办事机构，出台《中华人民共和国国家安全法》，首次以法律形式提出“维护国家网络空间主权”。

七、在标准化建设中实现社会治理的精准化、信息化和规范化

随着全球化、城镇化、流动化趋势的加剧，社会的复杂性和不确定性程度不断提高，但互联网和大数据技术为社会治理的精准化、信息化、规范化提供了可能。为此，党的十八届五中全会上，全面提出了“创新、协调、绿色、开放、共享”新发展理念，并对社会治理提出了精细化、标准化的新要求。为此，原国家质量监督检验检疫总局、国家标准化管理委员会发布《社会治安综合治理基础数据规范》（GB/T 3100—2015），采用“9+X”模式，主要包括实有人口、特殊人群、重点青少年、社会治安、矛盾纠纷排查化解、校园及周边安全等 9 个方面的重点工作，“X”是各地、各层级根据业务工作需要进行的个性化定制和扩展延伸。这一标准的实行，有助于推动社会治理的精准化、信息化、规范化。

第二节　社会治理存在的问题

一、社会治理主体协同共治受阻

随着政府之外的社会力量的不断加强，社会治理主体之间的合作呈现出平等化、协同化和多元化的特点。党和政府对社会治理群体高度关注，同时关注我国社会治理模式的创新性发展。但是，在协同共治过程中仍有一些突出性问题阻碍了社会治理的推进，影响了社会治理主体结构的完善以及主体结构的活力激发，因此解决治理主体结构面临的诸多问题是实现激发治理主体结构活力的重要环节。

（一）主体角色认同不足

近些年来，中国的治理制度在政治变革与社会经济发展中不断成熟，人民群众的自我主体意识得到强化，社会参与意识和民主意识也日益增强，而社会治理主体也在不断地壮大。各类社会组织通过介入活动的具体实施，保障自己的社会权益，从而体现自己的社会功能。但是随着社会结构的转型，我国的社会问题呈现出复杂化的发展趋势，其影响因素复杂多变，社会治理主体结构的突出性问题显现。

第一，我国的社会治理模式开始进行大刀阔斧的变革，国家针对加强和创新社会治理的发展这一问题，通过了各种决议，但是仍存在一些具有突出性的遗留问题，如其他社会治理主体的主体性意识没有得到充分的调动、社会公共事务政府全面包揽等，这一系列问题都是由于社会治理主体的思维转变没有完全契合社会治理的改革创新。社会治理主体在参与社会治理的过程中存在忽视自身力量的情况，主要原因是没有实现角色的转变。

第二，社会团体和公众对自身主体作用的了解还不够。近年来，政府逐渐认识到社会参与在社会治理中的重要作用，扩大其他主体在社会治理中的参与权和发言权，但由于其他主体存在无视对自身作用的情况，其对参与社会治理的自觉性和热情有待提高。究其原因，其他治理主体对现有的治理模式认识不够，认为自身只是一种形式上的参与，对于社会事务不会产生直接或巨大的影响，政府仍然掌握着最终的决策权。多元治理主体对自身角色的认识偏差，会影响多元治理主体的参与心理，进而阻碍多元治理主体的活力融入社会协同治理。

（二）治理能力参差不齐

在各地区的社会发展不平衡的现实压力下，社会治理主体之间的治理水平与治理素质也存在着一定的差异。从政府角度分析，各级政府由于存在地区政治、经济、文化和社会水平的现实差异，直接影响了政府处理问题的能力。各政府之间的水平和能力上的不同步，对社会变革做出的适应性调整也存在一定差距。就公民来说，为达到社会治理的有效性的提升，需要公众在活动流程中形成完善的协调、执行、督促、回应等能力，这种能力效果的实现需要公众自身文化素质的积累沉淀。但中国部分民众的参与意识、协商交流意识以及法治意识有待提高。从社会组织的角度来说，在处理公共事务的过程中，社会组织扮演着弥补政府力量、提供社会公共服务的重要角色，是符合社会分工日益精细化的现实要求的重要补充。社会组织是不以营利为根本目的的第三方力量。但目前我国社会组织主体活力的增强还存在一系列的阻碍，如社会组织内部相关组织机制有待健全、管理规范有待完善等。这一系列因素阻碍了社会组织活力的进一步增强，进而影响了社会治理实践。多元主体的治理能力参差不齐，影响了多元主体的参与水平，影响了参与社会治理的深度，使得参与行为停留在表面，限制了主体作用的发挥。

（三）治理责任不够明确

中国特色社会治理的主体结构的优势没有得到充分发挥的一个关键性影响因素就是多元主体间的治理责任分工不明确。从根本上分析，多元治理主体的自我意识、主体意识和意识指导下的合理化行为都是多元主体作用发挥的表现。

虽然中国社会治理的变革正在持续深化，对多元治理主体的职责定位也日益清晰，但是在具体的社会事项的处理中，还是面临着政府部门和社会其他管理力量之间的职责不清的问题，从而妨碍了多元治理主体之间协调共治的良性局面的形成。

以社会组织与政府之间的权责关系为例，在目前的社会治理模式下，社会组织属于政府的附属力量，政府通过从社会组织中购买公共服务，为社会组织发挥社会价值提供了机会。但二者不是简单的买卖双方互惠互利的关系，而是双方通力合作，在社会公共事务中共同发挥重要作用的关系。但是目前双方的关系其实是一种社会组织依赖政府部门的附属关系，究其原因是社会组织的能力不足以及治理责任不明确。同时，由于许多特定的治理工作仍由政府来完成，而社会组织可以承担的职责也被政府包揽，这就使得社会组织的专业化发展缓慢，在某种程度上打消了社会组织参与处理社会事务的积极性，也限制了社会组织专业程度的提高，影响了社会治理主体结构的平衡。

二、社会治理手段单一

根据党的十八届三中全会的指示，坚持系统治理，加强党委领导，发挥政府主导作用，鼓励和支持社会各方面参与，实现政府治理和社会自我调节、居民自治良性互动。由此可见，参与主体是社会中的有关团体组织及相关公民；社会治理的初衷是达到与政府治理相辅相成的理想状态，也就是说，社会治理在一定程度上是配合政府治理来服务整体大局的。对此，治理手段局限在单独的方面发挥效用，并且在一定程度上依靠行政手段来约束引导社会问题，这必然有碍社会治理自身发展的积极性，继而缺乏创新，手段略显滞后，相关配套制度、基础设施也就亟须建立、健全。

建立多元化主体之间的信息多向交流机制是社会治理的重要环节。在新媒体时代，人们需要借助网络信息技术来保证信息的高效传播。近年来，兴起的“大数据”也促进了信息传递和信息交互方式的发展，然而，当下中国的互联网或者“大数据”所能助力的空间有待拓展，究其原因，不外乎信息共享网络以及相关数据信息收集、处理的技术手段有待完善等。当社会治理主体无法及时有效地获取相应信息时，就会严重妨碍社会治理的效率甚至治理的质量，也就会制约政府治理，妨碍行政机关的有效统筹。

三、社会治理机制现实作用受限

《中共中央关于全面深化改革若干重大问题的决定》指出，创新社会治理体制机制、推动实现国家治理体系和治理能力的现代化是全面深化改革的总目标。这一目标是对马克思主义治理理论的创新与继承，而创新型社会治理机制也是社会治理活力的主要体现，是对建构中国特色社会治理共同体的有益探索。通过对这一任务的创新实施，中国特色社会治理的创新展现了其所特有的优越性。然而，我国在社会治理过程中，在机制的落地运用过程中，仍存在治理机制与实际运行的割裂以及治理机制和手段的数字化问题显现等，限制了治理机制的活力效能转化。

（一）治理机制与实际运行的割裂

在治理机制的实际运行中，少数部门在认识上存在偏差，只图快速解决治理问题，简单、机械地把机制创新和实际的运行割裂开来，没有充分发挥治理机制的实际作用。从基层社会治理的角度分析，随着城市化进程的持续深入，农村的内部结构出现变化。以农村联动机制为例，其中主要问题就是治理机制与实际运行的割裂。导致治理机制与实际运行割裂的原因如下：第一，基层自治能力不足。由于农村整体自治能力不足，无法很好地满足机制工作的实际要求。对制度的认识、掌握不足，极易产生错误的认识和执行中的懈怠，造成主动性有待提高、执行效率低。第二，个别部门缺乏联动的意识和积极性，对执行联动工作认识不足，配合不力，联而不动。在工作实施过程中总是患得患失，没有树立全局意识，习惯我行我素、上有政策、下有措施，造成执行力不足。第三，缺乏监督制约，联动机制运行的好坏依赖地方党委、政府的重视程度，具体的行动执行与效果的考评缺乏有效的监督管理。社会治理中对社会治理主体的监督机制有待健全，导致社会治理问题频发。基层治理过程中的能力不足、重视程度不够以及机制运行的监督管理欠缺等问题，导致社会治理机制与实际运行存在差距，影响了社会治理机制的实际效能的发挥，从社会治理机制的角度出发，影响社会机制的活力的有效性。

（二）治理机制和手段的数字化问题显现

在社会治理的数字化转型下，信息技术不断应用于社会治理的各个领域，技术治理手段成功范例不断增加。但信息技术融入社会治理不是如人们所期望的那般可以全面化解社会治理中的系统化、复杂化问题，社会治理的数字化也面临许多伦理风险和实际挑战。治理机制的数字化，在有效提高治理效率与节约治理资源的优势下，仍存在治理机制运行效果表面化的现象。而且，治理机制的数字化在某种意义上存在着治理机械、程序化问题。程序化的机制运行，容易导致社会治理的固化现象，在这种固化的可预见性风险下，进而影响社会活力的激发。

首先，技术手段无法完全理解社会治理问题的复杂性，简化了社会问题的内在逻辑，容易造成治理问题的处理偏差，只能实现问题的表面解决，无法掌握社会问题的关键所在，无法抓住社会问题的根源，实现治理的深化。并且如果将社会治理问题机械地等同于数字化信息，可能会导致对社会治理的不当理解。深层社会问题没有得到有效解决，无法直击问题痛点，公民的现实要求与实际结果存在差距隐患，极易引发公民对其社会的认同降低，获得感无法满足，从而导致活力不足的后果。

其次，数字化手段虽然提高了社会治理的效率，但是数字化手段遵循着固定的思维范式、特定的排列组合，导致社会治理程序化。虽然对于自动化的社会问题，前端能够针对具体情境做出“选择”或者“自动”处理。但实际上，这种“自动”处理也是根据大数据算法匹配，进行类型判断并做出分类化处置，仍然属于“暴力”算法的领域。在这种机械化的数字匹配下，社会问题的具体化和精细化处理效果受限，社会治理手段创新的实际效用被缩减，治理机制效能的反馈与预期存在一定差距，影响机制创新的活力产生。而且目前社会治理中的数字技术并不能突破现代科学的思维范式，因为不管它的计算速度再怎么提高，都遵循着既定的发展路线和规则，所支撑的也只是程式化、模块化的行动。而高速流动带来了快速且持续的变迁，需要的是灵活处理和及时应对。模块化的行动不仅无法解决问题，而且其本身可能成为社会风险的来源之一。在数字化手段融入机制发展的过程中，社会治理机制的程序化易引发治理的机械化现象，机械化的社会治理行为削减了社会治理机制创新的可能性，固定思维范式下的治理实践影响并限制着社会治理的活力。

四、社会治理体制运作后续乏力

社会公共问题的治理是一场持久性活动，需要具有长效动力结构的社会治理机制驱动。在社会治理的现实中，以政府单向权力为特征的社会治理体制在进行社会治理活动时，政府公共权力的强制力成为其他治理主体的依赖。在这个过程中，如果政府公共权力的强制力太弱，则社会治理活动难以驱动，反之如果政府的公共权力太强，则容易引发“侵权”问题，从而引起治理对象的不满。因此，以政府权力为核心驱动的社会治理机制，会存在治理的持续有效性的问题。在实际操作中，政府的公共权力虽然高效，但也可能将显性矛盾隐性化。以单一的政府权力面对多元复杂的社会公共问题，无法及时改变旧的治理体制的模式，就会进一步引发更多更大的矛盾和问题。这就表明政府的公共权力虽然高效，但在预防和治理隐性矛盾和问题时，单一的政府权力机制明显乏力。市场化和社会化的治理机制处理多元平等主体的复杂利益问题时应该是更好的治理机制。如果在社会治理的过程中，治理主体高度依赖政府的公共权力，那么政府的公共权力将成为治理的唯一机制，这样的弊端就在于将政府与其他治理主体的联系割裂开来，还会造成社会治理的封闭性。在有限的公共资源条件下，政府想要解决公共问题，如果没有政府公共权力的强制性背书，是很难形成长效的治理机制的。所以，僵硬、程序化和单一的政策工具就会使社会治理机制缺乏后续动力。

五、社会治理风险加大

社会风险源于积累的社会问题以及现阶段社会剧烈变革过程中产生的社会矛盾和不稳定因素，新旧风险交错影响，产生叠加效应，使具体问题更为棘手。我国社会日新月异，自改革开放以来从整体上看呈上升趋势，但也存在收入差距扩大化、社会阶级分化严重等问题。国内外经济环境联系日益密切，经济全球化加速，国内社会状况复杂多变，如社会结构开始出现重大转变，人口、家庭、城乡、就业等方面都有结构性变化，从而增加了社会事务管理过程中的不稳定因素。

此外，在中国经济发展过程中，社会市场的隐性风险和显性危机不断积累。这些问题直接影响市场经济制度的运作，因此为避免这些问题的出现，我国进行了产业改革。虽然这些制度仍在不断完善，但在众多社会矛盾叠加的当今社会，在这个高风险、高发展时期，这些不稳定因素、不同层次的风险将影响我国和谐社会、法治社会的建设进程。国家和社会只有切实重视这些问题，并防患于未然或者及时有效解决，才能顺利实现创新社会治理的目标，保证国家平稳发展、安定繁荣。

第六章　新时代中国社会治理的新方略

新时代，社会治理是国家治理的重要方面，也是近几年社会建设的重点任务。加强和创新社会治理，满足人民群众最迫切、最现实的需要，可以使我国的经济社会发展更有保障。本章分为新时代中国社会治理创新的原则、新时代中国社会治理创新的要求、新时代中国社会治理创新的策略三个部分。

第一节　新时代中国社会治理创新的原则

一、坚持正确政治导向原则

社会治理是沿着中国特色社会主义治理之路前行的，是在党的领导下开展的具体工作，这意味着我们在推进社会治理的各项工作中必须坚持党中央的权威和集中统一领导，加强马克思主义思想的指导地位，尤其是用21世纪的马克思主义——习近平新时代中国特色社会主义思想——进行各项工作的指导。2012年11月17日，习近平总书记在主持中共十八届中央政治局第一次集体学习时指出，“党政军民学，东西南北中，党是领导一切的”。在国内外形势深刻复杂变化的情势下开展社会治理，只有坚持正确的政治导向，才能顺利推进各项创新工作，才能不会迷失前进方向，才能不会丧失改革的成果。

二、坚持治理公平化原则

所谓国家治理对象的公平化，即国家治理主体按照公平正义治理的价值理念，构建公平的治理体系和治理过程，推进经济社会的公平发展，更好地保障和改善民生，使全体人民都能共享发展成果，并迈向共同富裕。中国特色社会治理从根本上来讲是一个回应社会诉求、维护人民根本利益、增加社会和谐因素的过程，守护社会公平正义是其核心目标所在。可见，国家治理公平化的构成要素和衡量标准，主要包含治理理念、治理主体、体系能力、对象范围、建设重点以及价值目的。

治理公平化原则在主体上的表现，就是从单一主体向多元主体的转变。

首先，传统型国家治理是国家统治主体或国家管理主体对社会大众的单向性管理。因此，传统型国家治理的主体就是政府或其他国家公权力组织等，社会大众及其群体组织不能成为主体，只是管理的对象客体。而现代型国家治理则是以国家政权机关为主导的多元治理主体对社会事务的合作共同治理。因此，现代型国家治理的主体是多元的，除了国家政权机关之外，还包括政党、社团、企业组织、社会组织和居民自治组织以及人民群众等。从民主政治的角度讲，人民是国家的最高主权者。所以，国家治理的公平化在主体上的一个表现，就是从传统国家单一治理主体向现代国家多元治理主体的转变。

其次，在传统型国家治理模式下，社会成员之间是统治者、管理者与被统治者、被管理者之间的主客体关系。在现代型国家治理模式下，社会成员之间则是协商合作、共同治理的主体间关系。这种“主体间主体性超出了主体与客体之间关系的模式，进入了主体与主体之间关系的模式，表现为从‘主体—客体’或‘主体—中介—客体’的关系模式向‘主体—主体’或‘主体—中介—主体’的关系模式转变，它强调主体之间的互动共生关系”。这意味着人与人之间的政治关系不再像人的主客政治主体性那样，而是强调人与人之间互为主体，是主体之间的平等关系，不将他人作为客体对待。

总之，治理公平化在主体上的又一个表现，就是从主客体主体性向主体间主体性的转型。就是要坚持系统治理，加强党委领导，发挥政府主导作用，鼓励和支持社会各方面参与，实现政府治理和社会自我调节、居民自治良性互动。近年来，我国持续出台相关措施，从权利公平、机会公平、规则公平等方面入手，逐步建立了社会公平保障体系。

三、一切从实际出发，突出问题导向

坚持实事求是，突出问题意识，是习近平总书记推进治国理政的鲜明特色。在新时代，由于群众对美好生活的诉求和此前有所不同，我们在推进社会治理中必须突出问题导向；同时，全国各地发展差距较大，生产力发展水平也具有多层次性，这亦给社会治理强化从实际出发、突出问题导向提出了要求。所以，党组织在领导当地人民群众开展社会治理的过程中，要充分考察当地的实情，结合当地人民群众对美好生活的需要，坚持“钉钉子”精神，以具有开创性的工作解决遇到的各种问题。

四、坚持人民主体地位

党为了民族独立、人民解放而奋斗的历程和在国家独立后为了人民福祉而继续奋斗的现实焦点是始终不渝为人民谋幸福。实现好、维护好、发展好人民群众的根本利益是新时代社会治理创新的终极目的。这不仅是党组织带领广大人民群众践行“不忘初心、牢记使命”的现实表现，也是践行我们党的宗旨的现实表现，更是践行我们党的根本工作路线——群众路线的现实表现。党组织在领导广大人民群众开展新时代社会治理创新时，要把全心全意为人民服务当作全部工作的价值追求，从广大群众中获取创新力量，时时刻刻将“人民拥护不拥护、赞成不赞成、高兴不高兴、答应不答应作为衡量一切工作得失的根本标准”。

五、坚持公平正义与民主法治紧密结合

公平正义是建设中国特色社会主义的内在要求和价值取向。胡锦涛同志曾强调：“维护和实现社会公平和正义，涉及最广大人民的根本利益，是我们党坚持立党为公、执政为民的必然要求，也是我国社会主义制度的本质要求。”这里，胡锦涛同志从社会主义的本质出发，站在构建社会主义和谐社会的战略高度，把维护和实现社会公平正义提高到更加突出的位置。当前，社会利益分化和利益矛盾凸显，只有在坚持民主法治的前提下，不断提高社会治理科学化水平，才能正确处理人民内部矛盾和其他社会矛盾，真正维护和实现社会公平公正。

同样，民主法治也是建设中国特色社会主义的价值追求和衡量标准。社会主义民主就是广大人民群众在党的领导下当家作主，社会主义法治就是在党的领导下实行依法治国。二者共同在党的领导下实现高度的统一。民主是法治的前提，只有在充分民主的基础之上，社会各阶层的利益诉求才能被有效整合，上升为国家意志，成为法律。法治是民主的保障，只有在法律体系的保护之下，社会各阶层才能充分享有和行使民主权利，合理地表达自己的利益诉求。提高社会治理科

学化水平，就是要坚持民主法治，有效地化解社会利益矛盾，维护最广大人民的根本利益。

总之，社会治理、公平正义、民主法治三者是存在着内在的有机联系的。社会治理是手段，公平正义体现了社会治理的目的和价值归宿，而民主法治是确保社会治理不走形变样的根本保障。在提高社会治理科学化水平的过程中，只有坚持公平正义与民主法治紧密结合，才能确保社会治理既科学化、法治化、规范化，又能发挥促进社会公平正义的“助推器”作用，确保社会成员公平合理地分享改革和发展取得的成果。

第二节　新时代中国社会治理创新的要求

一、中国社会治理创新系统化

社会治理的理论框架、实践逻辑与整体性治理图式具有相当一致的契合性，系统化治理是对单向治理思维的摒弃和改进，强调社会治理系统是由互相联结、互相制约、互相促进的若干方面组成的，拥有特定作用的统一有机体。我们必须立足于社会治理问题的发展全局，从构成事物的要素关联性上研究其运动与发展。党的十九届四中全会强调“必须加强和创新社会治理”，并进一步部署“完善党委领导、政府负责、民主协商、社会协同、公众参与、法治保障、科技支撑的社会治理体系”。落实社会治理创新系统化理念的最终目标是构建社会治理共同体，这一目标的实现要始终坚持在党委全面领导下，统筹安排政府、社会、市场等多方力量，综合使用道德、习俗等社会治理内生动力以及强制性的法律规范，同时积极推进信息基础设施建设，通过大数据的发展提升信息的融合度，提高各类社会主体利用数据信息有效破解现实难题的综合能力。

社会治理创新系统化强调树立战略思维，总体谋划治理格局的最佳策略方案。从外部关联逻辑来看，务必明确社会治理现代化与其他领域的现代化工作的相互关联性，保证社会治理现代化符合党和国家的总体部署。从内部关联来看，要始终因地制宜，做到规划先行，分时段、分步骤实施具体方案，进而推进社会治理各要素全面整合、系统集成，推动建立问题联治、资源共享、举措联用三者有机统一的社会治理新架构。

社会治理创新系统化要求梳理顺畅省级、市级、县级同下辖的镇（街道）级社会治理的权责关系，健全上下渠道畅通、人员责任清晰的一体化机制。社区的建制应着重发挥统筹协调功能，推进社会治理现代化融入整个社会发展的大棋盘，统筹调动推动社会治理的各种资源力量，突出顶层设计，补充完善相关的政策安排，同时也要做好社会治理过程中的考核监督引导。对于县级区域而言，必须以实现社会治理为推进各方工作的基本点，落实各项工作与举措，依据详细的具体任务制订可操作性强的实施方案。严格压实治理主体责任，着力解决突出社会问题、优化政府机构职能，充分发挥县级机构在社会治理中的突出作用。对于县级区域的下一层面即乡镇（街道）而言，根本任务是夯实社会治理的社会基石。各村镇需要发挥积极性、主动性，切实做好基层治理工作，从而真正实现社会治理的落地生根。

二、中国社会治理创新社会化

社会治理创新社会化就是在党和政府的领导下，发挥多元治理主体力量，促进多元治理主体共同参与社会公共事务的治理，共享发展成果的过程。在治理主体参与上，鼓励各个社会主体尤其是广大人民群众自觉主动投身公共事务，共同促进矛盾纠纷由小化无，维护社会稳定。

提升社会治理创新社会化水平，要坚决贯彻开放共治及协商包容的理念。其一，在治理过程中，必须坚持开放共治的理念。破解社会治理困境不能仅仅依靠单个主体的力量，而是需要政府、市场、民众等多方主体共同发力，进而打造社会治理创新社会化大格局。对此，政府要做好权力的下放工作，尽可能让非官方性的社会民间组织或机构团体来承担相应的社会责任、提供相应的社会服务，成为社会治理的关键主体，构筑多方主体力量共同参与社会治理的新格局。其二，在治理过程中，要树立协商包容的理念，即社会治理创新社会化需要充分依靠广大人民群众，集中民意、汇聚民智，着力推动民事民议、民事民办，议事成果民享，让人民群众感受到更多的幸福感、安全感和获得感。

提升社会治理创新社会化水平，就是要实现治理主体的多元化。要在党的领导下，充分发挥社会各方主体的积极性、主动性、创造性。由于各方主体利益需求多样，必须以人民为治理基点，平等观照各方主体需求、科学协同各方主体利益，坚持共建共治共享的理念，才能形成社会治理的向心力。第一，政府要科学处理同群众的关系。作为为民服务的政府，理应观民情，想民事，及时解决民众问题，最大化保障群众的正当利益。第二，积极提升民众参与社会治理的主动性。要以多样化渠道为依托，建立健全各类村民和居民自发性社会组织。

提升社会治理社会化水平，就是提高治理成果共享水平。政府需要借助各类形式、渠道等把准民众需求，为民众提供有针对性的服务。例如，保障基本公共服务和改善民生现代化；推进户籍制度的改革完善，促使城乡人口有序流动；聚焦“放管服”改革，提高群众办事的便捷度等。

三、中国社会治理创新法治化

社会治理创新法治化，即强化社会治理的法治思维，夯实执法履职的法治能力，构建形成系统完备、科学规范的社会治理法治体系。社会治理创新法治化，是法治领域中比较新颖的成果。要强化依法治理，善于运用法治思维和法治方式解决城市治理顽症难题，努力形成城市综合管理法治化新格局。

在社会治理现代化实践中要深入贯彻习近平总书记的法治思想，充分释放法治稳固根本、稳定预期、有利长远的积极效应。法律是用文字固定即成文的规范，有着其他制度不可比拟的强制实施力。以法治为趋向强调的是社会治理的规范性、强制性。

提高社会治理创新法治化水平，要求坚持党的全面领导。依法治国的根本保证就是坚持党的领导。我国要实现民族复兴、提高社会治理能力，在国际上占据一席之地，就必须坚持党的领导。首先，在坚持党的全面领导时，必须树牢“四个意识”，坚定“四个自信”，坚决做到“两个维护”，在社会治理中贯穿党的领导，而且要全面发挥社会治理各项事务中党组织、党委领导的作用。社会治理法治化理论下，要坚决维护党的权威。其次，完善党领导社会治理的相关机制和制度。遵循依法治国，推进党领导的法治化，利用法治体系，实现对党的路线、政策和方针的落实。最后，发挥党组织在基层治理中的作用，完善基层党组织的工作体系。

提高社会治理创新法治化水平，要求政府职能部门依法行政，执法人员依法办案。各级领导干部必须加强对社会治理相关法律文本的学习，树立法治思维，全方位掌握法治方式，在治理实践中主动用法律规范社会行为。加强与专业法律服务社会组织的合作，在人民群众内部发生重大矛盾纠纷时能引导其积极用法维权，推动法治成为社会治理现代化的助推器。必须坚持立法先行，充分发挥社会立法在法治社会建设中的引领、推动和保障作用。

提高社会治理创新法治化水平，要进一步加强普法宣传，推动城市优质法律服务辐射到乡镇、农村，保证法治资源、法治力量全面覆盖市域。建立健全社会组织参与社会事务、维护公共利益、救助困难群众、帮教特殊人群、预防违法犯罪的机制和制度化渠道。加快公共服务、社会事业和社会保障等方面的普法宣传。加强教育、就业、收入分配、社会保障、医疗卫生、食品安全、社会心理服务、社会救助和妇女儿童、老年人、残疾人合法权益保护等方面的法律法规宣传。推进国家安全、平安中国建设普法宣传。

四、中国社会治理创新专业化

社会治理创新专业化，即加大社会治理人才队伍的专业化培养，规范职业标准，建成社会治理人才体系。

提升社会治理创新专业化水平，需要领导干部具备社会治理的专业能力。习近平总书记关于领导干部能力的论述中，曾提到“政治能力是第一位的”“增强领导能力，提高管理水平”“增强综合能力和驾驭能力，学习掌握自己分管领域的专业知识，使自己成为内行领导”“提高法治思维和依法办事能力”，还包括提高调查研究的水平及风险研判等能力。

综合社会治理创新实践来看，领导干部的专业能力应包括贯彻执行能力、群众工作能力、调查研究能力、依法治理能力、应急处突能力、智慧治理能力六个方面。其中，贯彻执行能力是向上交互的具体体现，就是要将党和国家的正确路线、政策法规、战略规划等传导和落实到基层；群众工作能力是向下交互的具体体现，就是基层干部以自身的影响力为纽带将人民群众中蕴藏的智慧和力量汇聚和激发出来；调查研究能力是与实际问题交互的具体体现，就是以调查研究为路径和手段提高基层治理的科学化水平，从而更好地贯彻上级要求和做好基层工作；

依法治理能力是与法律法规交互的具体体现，就是依据法治思维和法治手段提高基层治理的规范化水平，从而保障基层治理体制机制的健全以及规范有序推进；应急处突能力是与例外情形交互的具体体现，就是要在治理中妥善应对计划外突发的紧急或特殊情形，保障安全和有序运行；智慧治理能力是与数据以及信息技术交互的具体体现，就是通过综合运用数据和信息技术等提高社会治理的效率。

提升社会治理创新专业化水平，需要专业组织、人才的汇集。作为维护社会稳定、主管社会治理工作的职能部门，政法委员会需承担专业人才队伍聚集的职责。各级各地方领导干部应立足于地区实际情况，科学掌握区域社会治理规律，用区域社会治理的科学理论指导相关区域问题的有效解决。社会服务需求的不断增长要求社会服务力量的不断提升。在社会治理领域，社会组织是项目制的主要运行载体，社会组织参与政府购买服务，公益创投是项目制的主要运行模式。

提升社会治理专业化水平，需要拥有智力优势的社会组织、科研单位、高校等专业资源的介入。

五、中国社会治理创新智能化

社会治理创新智能化，即积极推进市域信息基础建设，善用数字化技术，精准对接治理诉求，打造基于大数据构建多主体协同、信息均衡、数据驱动的社会治理智治体系。用科技伟力为社会治理提供新动力、创造新平台、构建新模式具有十分关键的意义。社会治理要“讲智治”，充分发挥“智治支撑”作用，更好地体现科技进步的革命性。深刻认识“智治”是社会治理方式现代化中体现新科技革命的重要标志，强化“智治支撑”，为社会治理智慧化赋能。

社会治理创新智能化要求拓宽技术应用场景，集聚各方力量搭建凸显地方特色、适应地方需求的新型智慧城市。要积极部署智慧城市资深解决方案架构，探索 AI 技术应用场景和使用场景推广，跟踪 AI 与城市管理效率、成本、效能的关系。调动大型科技公司、互联网企业对 AI 技术研究领域的前瞻性和引领力，发挥运用智能技术力量解决城市重大社会问题的能力。打造新型智慧城市需要把现代科技与基本社会治理相契合，精确把准城市发展需求，及时感应城市社会问题，精准高效配置各方资源，用“智治”增强群众获得感。

社会治理创新智能化要求创新治理产品，推进数据共享。相关部门需要把好技术关，提升技术能力，构建现代技术高地。织密采集数据的网络，相关部门应加强规范数据管理，定期对数据收集、分析和管理工作人员进行培训，明确数据公示流程。推进“数据开放运动”，促使政府数据公开、信息共享互联，优先推动就业、卫生、医疗、交通、信用等领域数据的开放。打造汇聚数据的社会治理智治平台，形成社会组织、团体信息与政府信息融合交互。破除数据壁垒，助推各领域、各区域数据资源的联动联通、共建共享。构建一体化信息数据库，适应社会实际需求、满足群众需要。要以现代技术为依托，推动更多智能化技术产品落地，对大数据、语音、视觉等 AI 技术产品进行迭代升级。

第三节　新时代中国社会治理创新的策略

一、创新基层社会治理模式

基层社会治理停滞不前的主要原因之一，就是基层社会治理的模式较为陈旧，不能根据社会发展现状及时调整阶段的治理方式，优化和创新治理手段，使得现阶段基层治理能力不能得到很好的提升，不能很好地适应现代社会的发展。随着数字化、“互联网＋政务”模式的快速兴起和发展，基层社会治理中也要融入更多互联网治理的成分，畅通基层群众了解政务信息、反映诉求的各项渠道。

（一）提高数字化政务服务效能

基层政府要强化系统集成、数据融合和网络安全保障。完善乡镇（街道）、村（社区）地理信息等基础数据，如群众确有需要的情况下，可以合理利用上述数据。进一步加大乡镇（街道）的信息交流力度，做永久性工程，在采集数据的过程中保证数据的准确性与实用性。以河北政务服务网为例，采用政务服务一体化设计，更能满足人民群众的需求，在一个门户网站中就可以完成绝大部分的业务。

要尽快提高数字化政务服务效能，加快全国一体化政务服务平台建设，按照党中央、国务院的决策部署，全国政务服务“一张网”。不断完善社会服务平台的建设，提升社会服务的发展水平，为百姓办事提供更快捷便利的方式。推动“互联网＋政务服务”向乡镇（街道）、村（社区）延伸覆盖。加快部署政务通用自助服务一体机，完善村（社区）政务自助便民服务网络布局。

构建全方位获取基础信息的自动感知采集网络，收集乡镇（街道）相关基础数据，着力实现对“人、地、物、事、组织”等基本要素的精准掌控。打通信息壁垒，构建数据资源共享体系，推动业务协同办理，实现基层治理有关数据跨部门、跨区域共同维护与使用。建立健全数据共享体系，将数据与 AI 技术深度融合，建立健全科学数据标准体系，提高视频图像智能化应用水平。充分考虑老年人、残疾人的习惯和特点，推动互联网应用适老化及无障碍改造。推动政务服务平台、社区感知设施、家庭终端和城乡安全风险监测预警系统建设及互联互通，发展实时监测、智能预警、应急救援救护和智慧养老等社区惠民服务应用。

推进数字化基层社区服务圈、智慧家庭建设，促进社区家庭联动智慧服务生活圈发展。大力发展社区、城镇、基层电子商务，探索推动无人物流配送进社区。推动“互联网＋”与社区服务的深度融合，逐步构建服务便捷、管理精细、设施智能、环境宜居的智慧型新社区。以县（市、区、旗）为单位，支持利用互联网、物联网、区块链等现代信息技术，充分结合“互联网＋政务”模式，深入组织开展智慧型社区、现代社区服务体系、新型农村社区服务站点等试点建设，高效匹配社区、基层全生活链的供需，扩大多层次便利化社会服务供给。鼓励社会资本投资建设智慧化社区，运用 5G、物联网等现代信息技术推进智慧社区信息基础设施建设。

（二）鼓励基层治理改革创新

以村（社区）党组织为主渠道落实各项政策法规，发挥基层群众性自治组织的作用，增强综合服务能力。全面推行“一窗”受理和“一站”办理，实现政务代办服务村（社区）全覆盖。完善即时响应机制，推广投诉即办等基层经验，社区服务设施开放时间和服务时间一般不少于每天 8 小时，群众关切项目应开展 24 小时线上服务，保留必要线下办事服务渠道，及时响应居民需求。完善政府购买服务机制，明确购买服务项目立项、经费预算、信息发布、项目管理、绩效评估等长效配套设施，鼓励基层群众性自治组织、社会组织承接政府购买服务事项，广泛参与社区服务。完善服务评价机制，健全群众满意度调查评估制度，实现组织开展社区服务群众满意度调查覆盖所有村（社区）。推广社区服务“好差评”

评价激励制度，普遍建立精准匹配村（社区）居民需求的评价机制。完善村（居）民自我服务机制，加强基层群众性自治组织的规范化建设，引导村（居）民广泛参与社区服务，增强自治能力，提高自我服务水平。

二、树立以人民为中心的社会治理创新理念

以人民为中心是社会治理创新的根本价值理念。社会治理创新就是不断改善社会治理效益，切实解决社会民生问题，防范化解社会治理风险，充分满足人民群众的合理需求，始终坚持心系人民，实现公共利益最大化。在社会治理创新中，智能技术是手段，人民满意是标准。以人民为中心就是要坚持社会治理创新为了人民、社会治理创新依靠人民、社会治理创新成果由人民共享。

首先，坚持社会治理创新为了人民。当前，人民群众日益多样化的需求对社会治理创新提出了更高的要求。社会治理创新必须把满足人民需求和增进人民福祉作为根本目的，充分利用智能技术进行社会治理，改进社会治理的方式，大力解决人民群众最急最忧问题，从而更好地服务人民，获得人民的认可和满意。

其次，坚持社会治理创新依靠人民。人民既是社会治理创新的目的，又是社会治理创新的主体。紧紧依靠人民是社会治理创新的根本保障。进入 AI 时代，智能技术的治理优势不断凸显。社会治理主体特别是广大人民群众要积极参与到智能化社会治理中，运用智能技术处理社会问题，不断提升社会治理的效能。

最后，坚持社会治理创新成果由人民共享。这是为了人民和依靠人民的必然结果。智能技术与社会治理的深度融合不仅提升了社会治理的效率，也改善了社会治理的效益。智能政务、智能医疗、智能交通、智能教育、智能安全等新模式，使全体人民享受到便捷高效的智能服务和先进的智能产品，全体人民的获得感大大提升。

三、加强社会组织对社会治理创新的参与

（一）更新社会组织价值理念

1. 认清社会组织在社会治理中的作用

在社会治理实践中，既要重视政党组织的领导和政府组织的责任，又要重视

社会组织的参与。党的领导作用是正确认识其政治取向，政府机构的职责是发挥其决策和制度制定者的作用。在社会治理中，政府机构要真正实现参与主体的作用，不应介入或干涉具体的治理活动，而应使社会组织自由运作、沟通和讨论，在特定的情况下提供沟通协商等辅助服务。

2. 正确地进行舆论导向

首先，要加强社会公众对法律法规和政策制度的认识；其次，要使各级党委政府更加注重发展社会组织，提高各级党委政府对政府发展和运用社会组织的决策认识以及全局意识，营造良好的社会组织政策实施氛围；最后，各级党委政府、有关单位要把好社会组织的舆论信息采集关，宣传社会组织的良好形象，加强社会组织的全方位服务平台建设，及时公布典型案例和违纪处罚情况，弘扬良好的社会风尚。

（二）注重社会组织能力建设

1. 创新人才工作机制

首先，招聘社会组织人才必须有一个严格的选拔标准，从专业、技能、年龄、经验等多个角度来挑选合适的人才，而不是随意挑选，否则会影响以后工作的开展。

其次，要扩大和健全组织的人才选拔途径，采取多种形式吸纳优秀的人员，如通过校招选择相关领域的应届毕业生，为社会组织注入新鲜血液，还可以进行社会招聘，通过各大网络平台寻求专业化人才。此外，人才是需要组织培养的，很多大学生没有实际工作的经历，缺乏实践经验。社会组织要给予员工学习培训的机会，让员工参与到项目的设计和发展中。员工将有机会学习项目的运作，并能为项目的运作提供有效的意见，从而提升员工的自身素质和运营能力。

再次，要健全人才培训体系，用“以旧带新、由专家带领”的形式来培养人才，新社工由资深的老社工带领，还可以根据课题分配组成小团体，用新老合作的方式来激发新成员的工作热情，形成一种合作关系，提升队伍的整体工作能力。

最后，社会组织要构建科学的员工激励体系，使员工在物质和精神两方面都得到有效的激励。由于社会组织成员的福利水平较低，必要的物质激励对调动其积极性具有正面效应，因此可根据其工作表现给予相应的物质奖励。除了物质激励之外，社会组织还应关注员工的情绪，了解员工的心理状况和需要，并定期开展团建活动，如团队素质拓展活动等，以促进员工之间的相互理解，同时也能增强团队的凝聚力、向心力，并且要给予员工合适的休息时间，使他们更好地适应工作。对在工作中表现突出的员工，可给予其“工作标兵”“先进员工”等称号，用精神激励和荣誉颁发的手段增强员工的使命感和获得感。

2. 打造自身品牌

社会组织要明确自身的发展策略，以自身的核心工程为基础，以自身的社会声望和影响力为依托，在自身的专业能力建设中主动打造自身品牌。社会组织要使专业化发展与自身发展方向相适应，打造具有自身特色的品牌，从而扩大自身的影响力，这样才能更容易获得资本。在组织发展策略的指导下，社会组织要充分发挥新媒体在互联网时代的传播作用，辖区内发生的大事小事都可以通过官方网站、公众号平台以及网格志愿宣传队伍反馈给基层干部，消息互通了，交流活动多了，社区不和谐因素减少了，社区就能形成良好风尚。同时，社会组织要宣传各类主题活动，通过典型案例、通俗易懂的语言将社会政策进行详细的讲解说明。社会组织还要积极参与社会系统中多元主体举办的活动，增强居民对社会组织及相关服务的认知，有效地传播社会组织工作者及其服务理念，为打造社会组织品牌奠定群众基础，不断地促进社会组织品牌建设。

3. 注重市场培育

社会组织应当注重发挥市场机制的作用，将市场化嵌入自身的运行过程，不仅能提升社会组织的社会形象，还能减少社会组织的运行成本。这就表明，在不脱离社会组织服务理念的前提下，市场机制为社会组织提供足够的资源，以保障社会组织的可持续发展。作为一种创新型的社会组织形态，它通过商业手段进行自身的经济活动，从而提供社会服务。

社会组织在坚持自身宗旨的基础上，在考虑到自身的经济利益的前提下，极大地改善了社区服务和公益慈善机构的专业服务不足、独立性不强等问题，提高了自身在市场中的竞争力和抗风险能力，同时促进了社会成员之间的交流与支持，为自身的可持续发展提供了新的方向。因此，要加强对社会机构的市场培养，必须注重社会化运作。

（三）加强社会组织合作治理

社会治理创新的过程在一定意义上也是社会治理不断组织进化的过程。而在共同体思想引领下，以合作为基础，社会治理组织创新的形式是多样的，是适应具体现实条件而产生的，用于解决具体社会治理问题。显然，现实社会是处在动态变化之中的，以合作推动社会治理组织创新就是要科学应对这样的变化。而只有通过合作的方式才能打破社会治理运行机制的僵化，汇聚起合作制组织的力量，以增强社会治理实践的灵活性。同时，合作治理的实现需要强化主体的参与权和决策权，尤其要加强主体实质参与权利在内容与程式上的双重保障。随着社会复杂性与社会发展不确定性的提高，合作化构成了社会治理组织创新的行进轨迹。合作化与共同体思想联系在一起，正是在合作基础上的协作提出了社会治理组织创新要求，并为社会治理创新提供了源源不断的动力。

为此，以合作推动社会治理组织创新，就是社会治理组织层面的科学化。合作实践的有机性推动组织之间根据社会治理任务和社会治理目标形成科学分工，共同致力于现实社会治理实践实效化。在这一过程中，共同体思想凝聚起合作的力量，发挥合作优化的重要作用。这样的合作化不仅节约社会治理成本，而且推动着社会治理组织创新，并且能够在应对社会治理风险和社会治理危机时表现出组织能动性。

（四）加强多渠道资源支持

资源的获得是社会组织的基本任务。然而，社会组织属于非营利性质，其资源难以得到有效的管理和保护，因此，社会组织在发展的过程中存在资金短缺等现实问题。为此，必须从多方面加强对社会组织的支持。

1. 加强财政支持

要对政府采购与服务功能的转变进行科学探讨，建立公正的招标采购流程，建立平等的采购与磋商机制。要将专项资金用于社会团体的发展，特别要加强对社区和公益慈善机构的财政扶持，以吸引他们积极参与到社会治理中。要规范财政扶持模式，清晰扶持对象，明确扶持措施。对专门用来扶持社会组织参与社会治理的财政拨款，应当明确包括物品购置标准、工资发放标准、活动补贴标准等。同时，要进一步完善社会组织税收优惠制度，扩大税收优惠政策的范围，减轻社会组织负担，增强社会组织能力。

2. 夯实企业资源支持

根据资源依赖理论的观点，任何组织都不能靠自己的力量实现资源的自给自足，因此，各社会组织应自觉地与各大企业以及其他社会团体进行合作，该关系网的建立有助于社会组织有效发展。在社会组织资金支持方面，有物质支持、资金支持和技术支持。资金支持形式有捐助与资助两种形式，资助可以有效地解决社会组织的融资问题，但无法对其组织结构、内部管理等组织功能产生直接的作用，所以对于专业问题不能很好地进行处理。这就要求企业对社会组织进行技术支持，包括管理技术、专业服务技术等。专业化技术对提高社会组织的业务水平，构建行之有效的机构运行机制，提高社会组织专业化服务水平具有重要意义。

针对上述情况，完善企业资金供应的途径，不但可以将政府部门中的资产管理、战略定位、法律诉讼、运营分析、业绩考核等剥离出来，交给专门化的社会组织，还可以巩固壮大自身体系，同时营造良好的社会公益氛围。在夯实企业资源支持方面，首先，政府要坚守意识形态高地，加强企业和社会组织的社会责任意识，既要引导其主动参与国家的公益事业，也要扩大传播效应，形成良好的社会风尚；其次，企业的公益事业开展离不开国家给予的优惠政策，如增加技术方面的税收优惠政策、加大高新技术产业的开放力度等；最后，政府应建立诚信“红名单”，形成榜样力量，弘扬社会主义先进思想，只有让企业有相应的自尊感、自豪感、参与感，才能激发企业积极回馈社会的积极性。

（五）完善第三方监管法规制度体系

公信力是社会组织的生命线。加强对社会组织公共事业管理的监督，是保障和改善社会组织公信力的重要途径。如果缺乏有效的监管，社会组织将出现以公益为名谋取私利的不良行为，严重损害社会组织的名誉和公信力，进而不利于社会组织的可持续发展。如今，我国的社会组织治理还面临着政府监督力度不够、市场监督不到位、行业自律程度不够等问题。这些问题严重影响了我国社会组织的良性发展，究其原因是缺乏监督。加强对社会组织的监管，完善其发展监测体系，是推动社会组织发展的有效途径。所以，要推动社会组织的健康发展，就要建立完善的监督体系，细化监督管理的具体条例，提升社会组织监督管理水平，净化社会组织发展环境。

1. 建立第三方监督管理制度

目前，我国对社会组织进行分类管理的主要依据是《中华人民共和国民间组织管理条例》，但该法规没有明确规定对社会组织进行统一监督管理。这种情况下，对社会组织的双重控制将使原有的集中登记、分级控制和双重管理监督的制度不再发挥作用。新的社会组织监管体系必须是客观的、强制性的、独立的。从国外经验和国内经验来看，社会组织监督管理有待进一步加强，第三方监管应该由一个与政府、社会组织等无关的专门机构承接。

2. 健全社会组织的公开制度

完善社会组织的信息披露机制，既有利于强化对社会组织的监管，又有利于实现公民的知情权。社会组织应当公开其制定的章程，并将社会组织收入、支出、活动情况等非涉及个人隐私的信息公开。要建设公共服务平台，将社会组织的组织运行方式、资金使用情况、专业服务情况、第三方评估情况等相关信息及时公布，便于群众了解实际情况，同时要设立社会组织自身信息的公告栏，提高公众监督的透明度。

3. 建立社会组织信誉评价体系

要实现这一功能，不仅要靠外力，还要靠社会组织自身的控制能力。因为公信力是社会组织的核心，所以社会组织需要非常重视公信力、自律。

社会组织自律的最好办法就是宣传公信力。公共管理部门应引进第三部门评估机制，将社会组织公信力评估结果公布至指定平台，同时平台也收集公众反馈意见对社会组织的信誉度进行评定。公共管理部门要将信用评估结果与国家能力支持相结合，优先考虑信誉度高的社会组织，同时为信誉度低的社会组织提供资源支持，并将其列入黑名单。这样才能推动社会组织不断提升自身水平，提高自身的竞争能力。

四、综合运用社会治理创新手段

（一）加强对社会稳定与安全风险的防范化解

进入工业社会以来，随着人类借助科学技术手段支配和驾驭自然的能力不断提升，人类社会自身的脆弱性也表现得更加明显。作为全球性的长期现代化发展的产物，“风险社会”很快也主要由一种对工业化和现代化发展的理念反思，发展至在实际行动的层面思考和探索相关的对策。如今，以环境风险为典型代表的各类风险，已经直接展现在全世界人民的眼前，而且各种人类活动以及自然与人为灾害之间的关联性也在逐步增强。为此，对各种影响甚至威胁社会稳定与安全的风险的敏锐感知，对于创造和维持良好的经济社会发展环境越来越重要。同时，鉴于当前经济社会发展中依然存在的大量不稳定因素，以及现实的社会矛盾与社会冲突问题，加强对社会稳定与安全风险的防范化解，就成了社会治理创新的核心任务。具体而言有以下几点。

一是要以源头治理的思路来推进社会稳定与安全风险的防范化解。经济与社会发展越是进入更高水平和更加快速的发展阶段，能影响社会稳定与安全的风险因素也就越多，而且往往更为复杂。因此，对于风险防范化解而言，仅仅看到各类社会风险的表面现象显然是远远不够的，而是需要找出深层次的原因和根本的源头。正如现阶段我国面临的劳动就业与社会保障难题，“看病难”和“上学难”等都只是表象，其下实际上隐含着基本公共服务供给不足且具有典型的非均衡性，以及地区和城乡发展差距等多种矛盾和问题。所以，单纯依靠在某些区域增加教育与医疗卫生机构，以及降低教育与医疗的相关费用等，显然是不足以解决上述问题的，而是需要有自上而下的顶层设计以及能够有效促进基本公共服务供给及其均等化的政策与措施。

二是要以风险评估的方法来推进社会稳定与安全风险的防范化解。社会稳定与安全风险的防范化解，必然要以准确掌握相关风险的基本情况为基础，并且有必要借助更为先进和全面的手段与方法进行刻画和模拟。社会稳定风险评估就是针对与公共利益密切相关的重大项目和重大决策，于近年来逐步发展起来的一整套评估思路与评估方法，对于转型期的社会发展意义重大。根据目前我国社会稳定风险评估开展的情况来看，需要逐步增强规范性和延展性。所谓规范性，就是社会稳定风险评估的目的、原则、程序、方法和结果的使用等，都应当逐步予以具体化和明确；所谓延展性，则是指社会稳定风险评估的内容与对象应当随着社会发展和风险源的变化，而逐步有所拓展和深化。当社会稳定风险评估运用得当时，应当是兼顾“反对最小化”和“满意最大化”两个维度。

三是以监督和问责为保障来推进社会稳定与安全风险的防范化解。社会稳定与安全风险的防范化解，不仅需要有正确的思路与适合的方法，同时还要有严格的监督。结合社会稳定与安全风险防范化解工作的开展情况，相关的责任主体要及时履行监督和管理职责，及时发现并解决工作中存在的漏洞与问题，并建立常态化的监督检查机制和相对固定的程序。

（二）推进社会稳定与安全风险的有效解决

如果说社会稳定与安全风险的防范化解主要是以源头治理的思路与风险评估的方法以及强化监督和问责来予以实现，那么面临现实的社会稳定与安全风险时，则需要以提高认识、分类治理和加大利益协调力度来推进相关现实问题的有效解决。

一是应提高对社会稳定与安全风险的认识。推进社会稳定与安全风险的有效解决，之所以仍然要提及认识的提高，是因为在现实的风险应对过程中存在太多模棱两可与似是而非的看法和判断。例如，我国对于社会稳定问题，存在着诸如追求“绝对稳定”以及误判总体的社会稳定形势而产生的“不稳定幻象”等问题。因为无论是追求“绝对稳定”，还是基于对形势的误判而将社会矛盾与问题泛化，都必然导致一种“刚性稳定”而缺乏必要的弹性。社会稳定是相对而言的，在一定范围和限度以内的“不稳定”表现是正常的，这正如矛盾运动带来“螺旋式上升”的发展轨迹。所以，只有在真正重视的基础上进一步廓清相关的认识，才能谈得上社会稳定与安全风险的真正化解，否则极有可能导致新的不稳定风险出现。与此同时，只有真正提高了对社会稳定与安全风险的认识，才能彻底解决忽视群众利益诉求和追求绝对或者表面稳定等问题。

二是对引发社会稳定与安全风险的社会矛盾采用分类治理方法。引发社会稳定与安全风险的社会矛盾是多种多样的，并且分属不同的层次和领域，因而需要采用“分类治理”的模式与方法。具体来说，从我国现阶段社会稳定与安全风险的有效化解角度来看，重点是需要解决民生领域的社会矛盾和问题，同时对于容易引发社会稳定与安全风险的收入分配和社会治安等问题也需要予以高度的关注。民生领域的矛盾和问题，主要表现为就业、教育和社会保障等具体问题，它们反映了在经济社会发展水平仍旧有限的条件下人民群众的正当利益诉求，因此需要通过增加基本公共服务供给、加快社会保障体系建设和持续推进收入分配结构调整等来逐步缓解直至有效解决上述矛盾和问题。同时，对于收入分配格局的调整，应当立足于现实予以逐步推进，坚决遏制收入差距的持续扩大态势；对于社会治安管理问题，则应立足于维护正常的社会秩序，并坚决打击各类刑事犯罪，从而有效提升人民群众的安全感。除此之外，相对于人民内部矛盾，也应当充分重视由境内外敌对势力引发的一些矛盾，避免由于内部矛盾的处置不当而给了敌对势力以可乘之机。

五、完善网络安全风险防控体系

（一）落实网络安全工作责任制

政府要建立健全网络安全治理制度机制，不断夯实网络安全基础。落实电话用户实名登记工作，完善互联网行业自律管理规范，落实网络平台主体责任，完善信息发布审核、实名认证、日志留存等安全管理制度措施。健全网民监督举报机制，建设网络综合治理体系。研究互联网新技术新态势，深入研判风险隐患，立足于实际探索研究防控相关风险的有关措施，不断提升安全管理执法能力，细化安全监管措施。加强对社会治理领域信息化产品的全流程监督，建立安全防控体系。

（二）严厉打击网络违法犯罪

政府要健全会商研判、协调处置、信息共享等机制，加强与其他区域的协作，建立完善线索快速落查、违法犯罪网站快速动态封堵等机制，建立完善网络犯罪生态打击系统，深入打击整治黑客攻击破坏、网络黑产、侵害公民个人信息、网络贩枪、网络黄赌毒、网络传销、网络诈骗、网络套路贷等网络犯罪，依法严厉打击网络犯罪利益链条。密切行刑衔接，聚焦源头治理和涉案平台查处打击，持续推进“一案双查”。

依法治理网络“饭圈”乱象，以关键信息基础设施安全保护和数据安全为重点，严格实施关键信息基础设施安全保障制度和网络安全等级保护制度。依法严厉打击非法 APP 技术开发，提升网络安全保障水平和风险防范能力。加强公民个人信息保护，持续保持对非法窃取、买卖公民个人信息的行为的严打高压态势。

（三）推进智能治理基础建设

要建立完善重大突发事件和热点问题快速响应与协同处置制度，加强网络文明建设，发展积极健康的网络文化。完善治理智能化建设制度，推动大数据、AI、区块链、5G 等技术与社会治理深度融合。打通地方、部门、企事业单位之间的信息壁垒。利用物联网、5G、大数据等新科技提升重要单位、要害部位的技防设施建设治理水平。推进新一代信息技术与城市规划、建设、管理、服务全面深度融合，推进内部单位、人员密集场所及农村地区智能安防设施配备。建设智慧应急信息化系统，与智慧城市、数字乡村、公共安全、公共卫生等领域应急信息化系统实现平台整合、系统对接、数据共享、协同联动。

六、完善社会治理体制机制

2014 年 3 月 5 日，习近平总书记在参加十二届全国人大二次会议上海代表团审议时指出："加强和创新社会治理，关键在体制创新。"制度不断完善实现成熟并最终走向定型是动态发展的过程，治理能力实现现代化也会经历阶段性动态变化，因此要摒弃一劳永逸、盲目供给的思维，做好持久更新的准备。从制度体系层面来看，政府应围绕协调谋划、整合资源，调动全部要素，促进全社会协同治理，共同建设，共同享有成果目标，完善美好生活服务提升体制和平战转换机制，构筑符合中国国情的新型社会治理现代化制度。在制度思维上再强化，在制度创新上求突破，在制度集成上下功夫，在制度执行上见效果，以制度现代化驱动社会治理现代化。

（一）完善美好生活服务提升机制

1. 健全社会心理服务覆盖机制

人民群众对美好生活的向往越来越多地体现为物质和精神的双重满足。政府要充分满足人民群众的精神健康需求。健全社会心理服务覆盖机制，政府要加强对从事心理健康服务的专业机构、社会组织实施购买服务，要依托市域社区综合服务设施，搭建覆盖城市—乡镇（街道）—村三级基础的心理服务平台，推动心理健康服务向基层下移。政府要深刻认识并发挥社会心理学在防控重大社会风险、应对社会心理危机方面的理论价值和指导意义。同时在对社会产生重大影响的事故处置结束后，要制订针对相关人员长期的社会支持方案，并进行规范性指导。完善社会心态监测预警制度，针对社会心态的波动变化，及时做出反应和调整，帮助人民群众形成理性的社会预期，营造平和的社会心态。依托大数据的支撑，采取大范围的民情民意调查，及时把握社会中各群体的精神需求，客观分析不同群体间心理诉求的差异性，积极培养正面情绪，为人民群众扫清心理障碍。

2. 建立贫困治理机制

制定统筹贫困治理的顶层设计，在更广的治理单元实施救助帮扶、预防支持、发展援助和成长帮扶的方案。落实救助性帮扶，保障低收入群体享有基本生活的同时追求更高层面的发展。落实预防性支持，加强社会民生保障改革，提高低收入群体面对突发情况时从容应对风险的能力。提供发展性援助，重点对低收入群体进行教育和培训，凭借群众素养的提高实现其资源获取能力的提升。实施成长性帮扶，以关爱贫困儿童为重点，加大低收入群体子女成长和教育支持力度。

3. 制定平安建设长效机制

（1）继续创新矛盾纠纷排查防范化解机制

预防化解矛盾纠纷，做好相关排查是积极应对社会不稳定问题的行之有效的途径，更是平安建设的基本任务。进一步整合综治办、司法所、应急管理部门、信访办等基层维稳力量，充分发挥群众工作站、纠纷调处中心的作用，不断加强矛盾纠纷协调制度建设。

（2）继续完善打击预防、扫黑除恶工作制度

作为平安建设的目标任务，社会治安维护情况是评价平安社会建设成效的关键内容和指标，事关人民群众的利益，对社会稳定大局也有重要作用。要时刻严防严控治安问题，准确研究了解新时代社会治安形势规律及特点，秉持打击犯罪同预防性措施相结合、依靠群众同专业治理力量相结合的原则，加大社会治安综合治理工作力度，突出工作成效，增强群众对安全的体验与认同。

（3）完善平安建设群众工作制度

通过广泛地宣传动员群众，鼓励各地开展具有各种表现形式的群众性建设活动，调动人民群众参与平安建设的自觉性和创造性，形成全体人民参与平安建设、全体人民共享平安建设成果的良好局面。

（二）完善平战转换机制

我国社会得以长期稳定，归结于党和国家对社会倾向性问题的注意，对应急管理事务的重视，并联合多元主体力量对重大风险展开了攻坚克难的行动。

1. 优化网格力量平战转换机制

健全“社区发令、网格执行”制度。进一步充实网格人员配备，学习一些城市下派政法干部、人大代表、政协委员、机关国企专干包联网格，让党员干部到所属社区网格报到等做法，构建以网格员为先锋，全方位治理的网格资源使用体系。广泛招募社区居民作为后备网格员力量登记在册，实现平时常态运行，共同服务，加强联系；战时召之能来，协同作战，战之能胜。

优化网格员履职制度，完善网格平战事项准入制度。日常注重强化网格员收集基础信息、了解社情民意、排查风险隐患的基本职责。“战时”情况下既要应对非常态工作的协调实施，也要保障平时工作的有序推进，避免顾此失彼，避免只顾及一部分人的利益而损害另一部分人的利益。“战时”状态解除后，深入总结，增加相关准入事项。设置奖惩激励考核制度，平常针对网格员的动态信息采集、联系群众成效给予奖励，应急突发情况下依据网格员的创新应对表现给予相应奖惩。

2. 完善突发事件应急预案制度

确保层级不同，制定的预案内容也各有所侧重。部门应急预案要从组织指挥制度着手制定，评估风险层级，公布所关涉事件相关重大信息，制定应急处置措施，对人力调动、物资保障等内容做出规定。形成以突发事件为主线，着重“末梢”苗头性事件上报、及时受理、快速处置、严格监督、积极反馈、考核系统流程治理新模式。

完善重大风险预警信息发布制度。重大风险发生前必须向全体人民群众发布确切的预警信息，对于可能引发的个体恐慌、群体谣言等做出研判。预警信息的接收要充分考虑各年龄段、职业群体的情况，以全面覆盖为目标。

完善突发事件舆论引导制度。处置重大风险、应急事件时要时刻关注人民群众的呼声，特别注意网络舆论引导。

（三）完善职责清晰、简约高效的政府负责体制

要严格落实领导责任制，党政主要负责同志承担推动社会治理建设第一责任，分管负责同志“一岗双责”。按照“谁主管、谁负责”的原则，强化各级党政领导干部履行推进社会治理建设的主体责任意识，建立健全各职能部门推进社会治理、平安建设职责，明确并落实对分管行业领域安全风险防范监管的职责。发挥政府的主导作用，充分调动职能部门，整体推动社会治理举措科学规划、组织实施。强化政府社会治理职责，整合各职能部门资源力量，形成职能清晰、功能集成、执行有力的综合服务管理体系，推行重大风险防控、突发案件处置扁平化管理。充分发挥乡镇（街道）党（工）委、村（社区）党组织领导作用，聚焦主责主业，集中精力抓党建、抓治理、抓服务。探索党建和社会治理深度融合的途径与载体，建立“基层党建 +”工作模式，健全机关企事业单位、社会组织党建协调机制，推进将党支部建在网格上、有效地融入各类社会基层组织，打造具有特色的“红色社区”“红色物业”“红色网格”，使党组织的服务管理遍及社会治理各方面，形成党建引领、多方参与、良性互动的社会治理新格局。

七、强化社会治理创新法治环境保障

（一）注重社会主义法治文化培育

第一，弘扬社会主义法治文化，增强基层社会法治化治理的文化底蕴。一是激活基层内在力量，促进法治与传统文化的交融。基层法治建设必须与基层社会环境相适用，借助基层内生力量构建法治下乡与基层社会传统文化的有效融合，消解基层社会的排斥与民众的质疑，促进现代法治与基层文化、村民自治的有机结合，为法治下乡、融合传统文化创设条件。二是发挥文化治理与道德教化作用，引入优秀中国传统文化。各地区积极发掘优秀传统文化，通过表彰典型、惩戒反例，开展基层道德教育，引导基层群众讲道德、守道德，将品德修养内化于心，外化于行，提升道德水平，优化社会风气。

第二，坚持德治与法治并举，促进公民等社会主体内心拥护与真诚信仰法治。一是要结合各地创建文明城市等过程中的社会主义核心价值观培育工作，充分利用各类媒体，强化面向社会公众进行的法治、民主、公平等价值元素的宣传，在

社会层面广泛形成崇德尚法的浓厚氛围，促进各社会主体初步提升法治意识和养成法治思维方式。二是要以国家法律职业资格制度改革为契机，提升行政执法人员、法官、检察官、公证员及执业律师等法律职业共同体的专业素养，由法律职业共同体形成共同的法治信仰，进而带动各社会主体逐步强化法治信仰。一方面能够为严格执法司法夯实人才基础，另一方面能够发挥法律职业共同体遵守法律法规的示范作用，全面带动各社会主体自觉学法、守法。三是引导、支持村（居）民委员会及工会等基层群众性组织实现对涉及自身利益的社会事务的自我民主管理，促进村民、社区居民及职工等社会主体充分行使公民权利，并通过人民调解委员会、工会劳动争议调解委员会等社会组织高效、低成本地解决社会成员间的矛盾纠纷，进而逐渐养成严格依法办事的习惯，最终从内心深处拥护法治和真诚地信仰法治。

（二）创新法治宣传教育

1. 灵活普法形式，加强法治教育培训

基层的普法宣传教育应当“入乡随俗、因材施教”，充分结合基层各地区的地方特色，根据基层的实际情况与现实问题，有针对性地向基层群众进行普法宣传，创新普法形式，减少走过场的无效普法。

一是建立基层普法专业队伍，组建法律知识丰富、法治素养较高的专业团队，建立以政府为主导的多元普法主体机制。政府有关部门应当根据自身职责积极向基层群众宣传法治教育，遵循“谁执法谁普法”的原则，健全普法责任制。充分利用各基层的图书馆、法治学校等，鼓励社会组织、新闻媒体积极参与宣传法治建设，拓展新闻媒体、微信、门户网站等普法渠道，创新普法载体，共同推进我国基层社会的法治进步。

二是增强全民法治观念。开展《中华人民共和国民法典》普法工作，重点针对涉及农村基层群众权益的相关法律进行普及，让基层群众全面认识法律，自觉尊重《宪法》和法律权威，了解法律既具有惩罚犯罪的作用，还具有保障公民合法权益的作用，学会运用法律武器维护自己的合法权益，引导基层群众形成知法守法的良好习惯。

2. 牢固树立并贯彻规则至上的理念，推动各社会主体切实恪守规则

一是以排斥人治为重要目标和规范至上为基本内涵的基层社会治理，要注重

规则至上这一重要理念与思维方式，确保在基层社会治理过程中“事事依照规则”和“时时依照规则”，严格按照经过正当程序制定的法律法规及规范性文件办事，强调党委、政府等公权力主体带头遵守法律法规，进而带动公民、社会组织等各社会主体恪守规则，并积极参与基层社会治理。

二是在基层社会治理过程中，要严格划清立法权、行政权及司法权等国家公权力与公民私权利及其组成的社会组织的社会权力间的边界，一方面要求公权力既不得超越权力边界滥用，亦不得违背法律规定或法治精神而出现“推诿扯皮”等怠于履行职责的情形；另一方面要求公民私权利及社会组织的社会权力行使不得超出必要的限度，以免侵犯其他公民权利或者破坏社会秩序。

此外，为了确保在社会治理过程中，各社会主体能够依照规则自主行使社会权力来化解社会矛盾纠纷及实现社会生活有序进行，亦需要注重行政权及司法权对社会权力的兜底性制约与监督作用，防止公民等社会主体滥用社会自治权力而对法治及公民权利造成损害，避免基层法治化治理陷入“新的人治”之局限。

（三）搭建社会治理法治平台

面对价值多元化、利益复杂化的社会常态，现实要求社会各项公共事务必须回应民生需求，彰显以人为本的价值追求。因此，社会治理法治化必须坚持民生导向，在法治的基础上合理搭建社会治理法治平台，让民生主导创新社会治理的方向。

1. 搭建公众参与平台

公众是推动现代法治社会建设的最终主体和根本动力。公众参与是法治社会的重要内容和路径选择，而法治社会又是公众参与的根本保障。

一是要加强公众参与的制度建设。通过建立和完善社会治理领域的重大事项集体决策制度、调查研究制度、听证公示制度、政府信息公开制度、专家咨询制度等，为公众参与并及时获得信息提供源头性渠道。

二是构建多元的公众参与模式。要在社会治理具体政策的设计、制定、选择和实施各个阶段强化公众参与。在加强各类组织机构参与、各种社会团体参与以及人大代表参与的基础上，积极研究听证、公民问卷、公民论坛、咨询顾问委员会等多种形式的参与方式，以此拓宽人民群众充分表达和参与社会事务的渠道，使公众参与落到实处。

2. 搭建法律服务平台

法律服务工作是社会治理法治化的重要一环，实践证明，法律服务的前端投入越多，社会治理的后端投入就会越少。因此，要从源头上注重社会治理，就必须搭建好法律服务平台。

当前，主要做好以下几个方面的工作：一是要优化法律服务资源配置。法律服务资源的投入和使用要统筹考虑全区的整体情况，合理配置投放的重点和区域。要优化和整合各地区的法律资源，实现资源共享、优势互补。二是要规范法律服务市场。要强化律师事务所、法律援助机构等法律服务机构的责任、伦理意识，提高法律服务队伍的道德、业务水平以防范法律服务市场过度市场化所带来的负面效应。三是要做好法律救助工作。要紧扣为民利民的核心要求，进一步加强司法救助、法律援助工作，探索建立和完善法律救助基金会等多种形式的法律救助组织，从而协调利益关系，化解社会矛盾。

（四）加强法治惠民与法治保障

1. 完善社会公共法律服务体系

当前法治下乡活动与基层传统文化尚存在冲突，直接向基层输入的公共法律服务难以获得基层民众的认可。在此背景下，法治下乡要入乡随俗，基层公共法律服务体系建设应当借助“新乡贤”等内生力量来连接基层城乡社会，其既熟悉当地的风土民情，又掌握法律规定，足以充当法治与基层社会的连接桥梁。

因此，将这些力量纳入基层公共法律服务体系的建设，并对其进行法治建设与道德教化培训，能够为公共法律服务体系进入基层创造条件，实现基层法治与德治的有效结合。

（1）加强主体互动，明确责任主体

首先，明确基层各主体的权利义务关系与主体责任。政府、社区以及法律服务组织以签订三方协议的形式，明晰各主体之间的权利义务关系，确定共同的目标，加强互动建设，形成治理合力。其次，加强各主体互动，提高服务效率。具体可以分为线下与线上互动。线下建立服务互动平台，主要提供法律服务方案提出与解答、项目开展等服务。线上则借助互联网平台机制，利用微博、微信小程序、App 等建设公共法律服务互动中心，落实基层公共法律服务组织、政府的法律服务及时通报以及民众意见诉求的及时表达。

（2）建立专业法律服务队伍，提升基层法律服务水平

首先，建立队伍。基层政府通过购买服务建设由律师、法律服务工作者、高校法学院教授等专业法律人才组成的基层公共法律服务团队，为基层民众提供公正、普惠、高效的法律服务。同时建立人才激励机制，解决基层法律服务人员不足的问题。

其次，提供服务。应进一步健全调解协议司法确认制度以及诉讼对接机制。完善便民法律服务机制，及时为村（居）民提供法律建议与帮助，了解社情民意，解决民生诉求。对于基层出现的大量的矛盾纠纷，寻找其存在的共性，梳理其存在的法律风险，提前掌握并应对可能出现的群体矛盾纠纷；加强基层法律援助建设，合理配置各地区资源，为经济困难的弱势群体提供法律服务，维护基层社会的和谐与稳定。

最后，加强保障。加强基层人员待遇保障，包括人员编制、薪资水平、晋升机制等，推动公共法律服务队伍专业化、稳定化；加强对公共法律服务的财政保障，将经费纳入财政计划，并通过立法形式规范化；强化公共法务服务制度保障，加强机制建设，保障公共法律服务规范化。

2. 健全基层社会治安防控体系

（1）注重多元主体融合共建

一方面，成立社会治安防控指挥中心，加强对各级部门的统一指导，选派优秀干部担任基层治安防控工作指导员，确立“人才到基层去、到一线去”的用人导向，完善基层民警考评与晋升机制，规范辅警工作，提升基层警员待遇。派出所作为基层社会治安防控的主力军，应增加派出所警力，强化装备配置，制定完善的责任机制，将工作责任落实到具体单位与具体的人。

另一方面，加强与行业部门的合作治理，如与媒体合作加强宣传，与银行金融机构合作预防诈骗等，填补政府与市场“管不到”的空白；打造警营文化综合体，吸收“义警”“治安积极分子”“平安志愿者”等社会主体协助警方做好基层社会治安防控工作；建设警务广场，开展警民恳谈会，主动向人民报告工作，收集民情，交流民意；开展“见义勇为”等道德模范评选活动，并设立专项奖励基金，以评促建。

（2）打造智慧治安防控新格局

一方面，结合建设“智慧城市”，整合社会资源信息，利用高新技术手段，提高信息数据采集、整合与应用能力，提升信息化利用水平，构建立体化基层智慧防控体系。

另一方面，加强 AI 技术应用，在精准打击犯罪、路面监控与封控、重大风险防御等方面积极探索，扩大城乡基层重点公共区域、重点行业监控覆盖率，加强警种之间信息数据的互联互通，为“智慧公安”建设提供强有力的支撑。

参 考 文 献

［1］ 柯红波，郎晓波，姜方炳，等．共生型治理：基层社会治理创新的“凯旋模式”［M］．杭州：浙江工商大学出版社，2016．

［2］ 易轩宇．社会组织参与社会治理的机制创新研究［M］．湘潭：湘潭大学出版社，2017．

［3］ 曹胜亮．转型与建构：社会中间层组织与创新社会治理研究［M］．武汉：华中科技大学出版社，2018．

［4］ 周军，马贵侠，毕兰凤，等．社会工作创新基层社会治理实践研究［M］．北京：知识产权出版社，2018．

［5］ 墨玉．全媒体视域下的社会治理研究［M］．北京：北京工业大学出版社，2019．

［6］ 郑延瑾．复杂性条件下的社会治理创新研究［M］．兰州：兰州大学出版社，2019．

［7］ 魏磊．社会稳定与社会治理科学化［M］．济南：山东人民出版社，2019．

［8］ 张静．社会治理：组织、观念与方法［M］．北京：商务印书馆，2019．

［9］ 刘银喜，任梅，朱国伟．流动公共服务：中国基层社会治理创新研究［M］．北京：中国经济出版社，2019．

［10］ 辛全龙．市域社会治理现代化的理论与实践［M］．北京：中国人民公安大学出版社，2020．

［11］ 杨阳．社会治理法治化建设与实践［M］．北京：中国原子能出版社，2020．

［12］ 李顺春，陈志华．新时代善治之路：山东省日照市社会治理的探索与实践［M］．北京：人民法院出版社，2020．

［13］ 李坤轩．社会治理法治化研究［M］．北京：中国政法大学出版社，2020．

[14] 张鼎华. 应急科技创新在社会治理中的应用及发展 [M]. 广州：华南理工大学出版社，2020.

[15] 邹东升，陈思诗. 新时代党建引领基层社会治理 [M]. 北京：中国民主法制出版社，2021.

[16] 孙丽. 社会治理理论与实践探索研究 [M]. 长春：吉林人民出版社，2021.

[17] 苏仁. 法治力：基层社会治理法治化的苏州样本 [M]. 苏州：苏州大学出版社，2021.

[18] 童志坚. 法学视野下体育健身休闲市场社会治理研究 [M]. 北京：光明日报出版社，2021.

[19] 邹东升，包倩宇，贺知菲. 危机应对情境下的社会治理法治化 [M]. 北京：中国商务出版社，2021.

[20] 曹胜亮，胡江华. 新时代社会组织参与社会治理创新的理论困境和路径选择 [J]. 武汉理工大学学报（社会科学版），2021，34（5）：46–54.

[21] 李琼琼. 新时代公众参与社会治理的现实困境及建构维度 [J]. 河北青年管理干部学院学报，2021，33（6）：43–46.

[22] 张成岗，王宇航. 社会治理的技术逻辑：源流、特征及趋向 [J]. 江苏行政学院学报，2021（6）：61–66.

[23] 蔡宝刚. 聚焦社会：社会主体参与社会治理的法治观照 [J]. 求是学刊，2021，48（6）：101–111.

[24] 李友梅. 新的社会阶层参与社会治理：理论内涵、实践探索与推进机制 [J]. 江海学刊，2021（6）：101–106.

[25] 王晓真，吴建华. 新时代下我国社会治理新要求与新挑战 [J]. 经济师，2021（11）：57–58..

[26] 王晶晶. 新时期城市社会治理创新路径研究 [J]. 中小企业管理与科技，2021（9）：53–55.

[27] 沈杰，高赟. 我国社会治理创新发展的经验及启示 [J]. 山西社会主义学院学报，2021（2）：59–66.

［28］ 谢菲. 公众参与基层社会治理的困境及破解之道研究：以 w 市 x 社区为例［D］. 芜湖：安徽工程大学，2023 .

［29］ 刘畅. 多中心协同治理理论视域下的市域社会治理现代化路径研究［D］. 广州：中共广东省委党校，2023.

［30］ 朱金梅. 十八大以来党的农村社会治理创新经验研究［D］. 曲阜：曲阜师范大学，2022.

［31］ 黄子昭. 人工智能时代社会治理创新研究［D］. 长沙：湖南师范大学，2021.

［32］ 蒋利雪. 社会治理共同体构建的理论与实践研究：以 2020 年全国“创新社会治理典型案例”为样本［D］. 南充：西华师范大学，2021.